스파이크

브랜드 팬을 만드는 궁극의 법칙

스파이크
SP⚡KE

김병규 지음

기존의 모든 마케팅 이론을 뒤집는 발상의 전환

너와숲

브랜드 팬은 어떻게 만들어지는가?

미국 서던캘리포니아대학교USC 경영대학 교수로 재직하던 시절, 로스앤젤레스 지역에 기반을 둔 기업의 경영자들과 마케터들을 만날 기회가 종종 있었다. 한번은 지인의 소개로 미국의 유명 브랜드들을 고객으로 두고 있는 브랜딩 회사의 대표를 만난 적이 있다. 그가 내게 브랜드를 성공시키는 비법이라면서 넌지시 들려준 이야기가 있었다. 당시에는 그 내용을 한 귀로 흘려들었다. 내가 알고 있는 브랜드 이론과 너무 달랐기 때문이다. 그리고 그가 해준 이야기를 까마득하게 잊어버린 채 지냈다.

2015년 미국을 떠나 한국에 돌아온 이후, 브랜드 팬을 만드는 방법을 알아내기 위해 다양한 연구를 진행했다. 몇 년에 걸친 연구 끝에 최종 결론에 이르렀는데, 그때서야 그가 해주었던 이야기가 생각났다. 기쁨과 당황스러움이 동시에 밀려왔다. 당시 그가 내게 알려주었던 비법과 내가 연구를 통해 내린 결론이 사실상 동일했기 때문이다.

이 책은 그가 들려준 비법이자 내가 오랜 연구 끝에 찾아낸 결론에 대한 것이다. 이 법칙은 아직 어떤 교재나 책, 강의에서도 소개된 적이 없다. 이 법칙을 알고 있는 사람들은 브랜드 팬을 만드는 데 있어서 이 법칙이 얼마나 효과적인지 잘 알고 있다. 그래서 이 법칙에 대해 공개적으로 말하려고 하지 않는다. 나 역시 이 법칙을 알게 된 후 개인적으로 브랜드와 프로젝트를 진행할 때만 사용했을 뿐, 강의에서는 한 번도 언급한 적이 없다. 그래서 이 책을 내는 것을 오랫동안 망설이고 또 망설였다. 하지만 이제 이 법칙에 대해서 말하려고 한다.

최근 많은 경영자와 마케터, 창업가들이 브랜드 팬의 중요성을 깨닫고 브랜드 팬을 만들려고 하지만, 많은 경우 브랜드 팬을 잘못 이해하고 있거나 잘못된 방법으로 브랜드 팬을 만들려고 한다. 나는 마케터도 아니고 컨설턴트도 아니다. 나는 경영이라는 학문을 연구하는 학자일 뿐이다. 그리고 학자로서 내 역할은 자신만의 브랜드를 만들고 키우고 싶은 꿈을 가진 사람들, 세상을 바꾸겠다는 꿈을 가진 창업자들을 진심을 다해 돕는 것임을 늘 마음에 품고 살아가고 있다. 이런 이유로 학자로서 이런 상황을 그냥 지켜보고 있을 수는 없었다. 그래서 이 법칙을 세상에 공개하고자 한다.

이 법칙은 기존 마케팅 이론이나 브랜드 이론과 크게 다르기 때문에 처음 접하는 사람은 당황스럽거나 거부감을 느낄 수도 있다. 하지만 강한 브랜드를 키워본 경험이 있는 브랜드 전략가라면 이미 이 법칙에 대해서 알고 있거나, 듣는 순간 바로 이 법칙의 가치를 이해할 것이다. 이 법칙이 브랜드 팬을 만드는 궁극의 법칙이라는 사실을 바로 느낄 수 있을 것이다.

지금부터 브랜드 팬을 만드는 궁극의 법칙, '스파이크Spike'를 소개한다.

3장   선망성 스파이크의 실행

에필로그

1

비 법 편

Secret Story

사회에서 선망성을 가진 소수의 스파이크 타깃을 위해 존재하는 것, 그래서 브랜드가 선망성 집단을 상징하는 사회적 표식이 되도록 만드는 것. 이것이 바로 스파이크 전략이자 브랜드 팬을 만드는 궁극의 법칙이다.

브랜드 팬은 어떻게 만들어지는가?

1

'팬fan'이라는 단어는 어떤 대상을 열광적으로 좋아하는 사람fanatic, 광신도을 지칭하는 말이다.

그래서 우리가 어떤 브랜드의 팬이라고 말하면 사람들은 그 브랜드를 통해 우리를 이해하고 정의하게 된다.

브랜드가 사회 속에서 우리가 누구인지를 알려주는 '사회적 표식Social Tag'이 되는 것이다.

브랜드 팬은 어떻게 만들어지는가?

2

사람들은 자신에게 어떤 사회적 표식을 붙이고 싶어 할까? 자신의 높은 위상을 드러내고 싶어 하는 사람은 럭셔리 브랜드를 자신의 사회적 표식으로 사용한다. 자신의 독특한 개성을 드러내고 싶은 사람은 서브컬처(스트리트 컬처 같은 하위 문화)를 상징하는 브랜드를 자신의 사회적 표식으로 사용한다.

SP/KE

브랜드 팬은 어떻게 만들어지는가?

3

이런 이유로, 루이뷔통Louis Vuitton이나 구찌Gucci, 롤렉스Rolex 같은 럭셔리 브랜드는 팬을 만들어내기 쉽다. 마찬가지로 반스Vans나 스투시Stüssy 같은 서브컬처 브랜드도 쉽게 팬을 만들 수 있다.

SPIKE

브랜드 팬은 어떻게 만들어지는가?

4

하지만 대부분의 브랜드는 럭셔리 브랜드도 아니고 서브컬처 브랜드도 아니다. 이런 브랜드들은 어떻게 해야 팬을 만들 수 있을까?

아주 간단하지만 확실한 방법이 있다. 바로 스파이크 반응을 이용하는 것이다.

브랜드 팬은 어떻게 만들어지는가?

5

스파이크 반응이란 취향이나 선호가 유사한 사람들 사이에서 단기간 내 브랜드에 대한 열광적인 반응이 발생하는 것을 말한다. 애플Apple, 나이키Nike, 스타벅스Starbucks, 테슬라Tesla, 자라Zara, 룰루레몬lululemon 등 많은 팬을 보유한 브랜드는 모두 브랜드 팬이 확산되는 초기에 강렬한 스파이크 반응이 있었다.

브랜드 팬은 어떻게 만들어지는가?

6

스파이크 반응이 발생하면 브랜드에 대한 '사용자 이미지'가 형성된다. 어떤 사람들이 주로 사용하는 브랜드라는 인식이 생기는 것이다.

가령, 어떤 브랜드에 대해 패션 감각이 뛰어난 30대 전문직 종사자들 사이에서 강한 스파이크 반응이 발생하면, 이 브랜드는 젊고 옷 잘 입는 전문직이 애용하는 브랜드라는 인식이 생긴다. 50대 중년 남성들 사이에서 강한 스파이크 반응이 발생하면, 이 브랜드는 중장년 아저씨의 전용 브랜드라는 인식이 생겨난다.

SP/KE

브랜드 팬은 어떻게 만들어지는가?

7

많은 팬을 보유한 브랜드에는 또 하나 중요한 공통점이 있다. 이러한 스파이크 반응이 사회 안에서 선망성을 가진 사람들 사이에서 발생한다는 점이다.

8

선망성이란 닮고 싶은 마음, 갖고 싶은 마음, 따라 하고 싶은 마음을 말한다. 선망성을 가진 사람들 사이에서 특정 브랜드에 대해 강한 스파이크 반응이 발생하면, 이 브랜드는 선망성 있는 사람들이 사용하는 브랜드라는 인식이 생겨난다. 브랜드가 선망성 집단을 상징하는 표식이 되는 것이다.

브랜드 팬은 어떻게 만들어지는가?

9

브랜드가 선망성 집단의 표식이 되면 선망성 집단에 가까워지고 싶은 사람들, 이 집단의 일원이라고 느끼고 싶어 하는 사람들이 이 브랜드를 자신의 사회적 표식으로 받아들이게 된다. 그리고 자신이 이 브랜드의 팬이라는 것을 당당하게 선언하게 된다.

이것이 바로 스파이크 반응이 단기간에 브랜드 팬을 만들어내는 과정이다.

SP/KE

브랜드 팬은 어떻게 만들어지는가?

10

스파이크 반응을 이용하면 어떤 브랜드라도 팬을 만들어낼 수 있다. 실제로 이 방법은 지금도 많은 브랜딩 고수들에 의해 비밀리에 사용되고 있다. 브랜딩 전문가들 사이에서 브랜드 팬을 만드는 궁극의 비법으로 사용되고 있는 것이다.

11

스파이크 반응을 통해 브랜드 팬을 만드는 전략, 즉 스파이크 전략은 언뜻 듣기에는 너무도 당연한 이야기로 생각될 것이다. 그런데 스파이크 전략은 기존 마케팅 방식과 정반대에 위치하는 전략이다.

브랜드 팬은 어떻게 만들어지는가?

12

기존 마케팅의 핵심은 평균점에 있다. 가장 평균적인 고객에게 초점을 맞춰서 가장 많은 사람을 두루두루 만족시킬 수 있는 제품과 서비스를 선보이는 데 주안점을 둔다. 반면 스파이크 전략은 대다수 고객이 가진 니즈를 의도적으로 무시한다. 대신, 사회에서 선망성을 가진 사람들인 스파이크 타깃에 브랜드의 모든 초점을 맞춘다. 이들에게서 열광적인 반응을 이끌어내기 위해 철저하게 이들의 취향에 맞춰진 제품을 선보이고, 이들을 열광시킬 수 있는 마케팅만 진행한다.

SP/KE

브랜드 팬은 어떻게 만들어지는가?

13

전체 고객 중 스파이크 타깃에 해당하는 사람의 비율이 1%에 불과할지라도 99%의 고객을 의도적으로 무시하고 1%의 사람들에게 집중한다. 하지만 1%의 마음을 얻으면 나머지 99%를 팬으로 만들 수 있다.

모든 사람의 사랑을 얻기 위해서 역설적으로 1%의 사람만을 위해 존재하는 브랜드가 되는 것이 스파이크 전략의 핵심이다.

브랜드 팬은 어떻게 만들어지는가?

14

사회에서 선망성을 가진 소수의 스파이크 타깃을 위해 존재하는 것, 그래서 브랜드가 선망성 집단을 상징하는 사회적 표식이 되도록 만드는 것. 이것이 바로 스파이크 전략이자 브랜드 팬을 만드는 궁극의 법칙이다.

2

해 설 편

Explanatory Edition

사람들은 살아가면서 다양한 브랜드에 호감을 느끼고 좋아하게 된다. 하지만 자신이 어떤 브랜드의 팬이라고는 쉽게 말하지 못한다. 왜 그럴까? 그 이유를 알려면 팬이라는 개념의 특성을 제대로 이해해야 한다.

1장

브랜드 팬을 만드는 궁극의 법칙

_스파이크

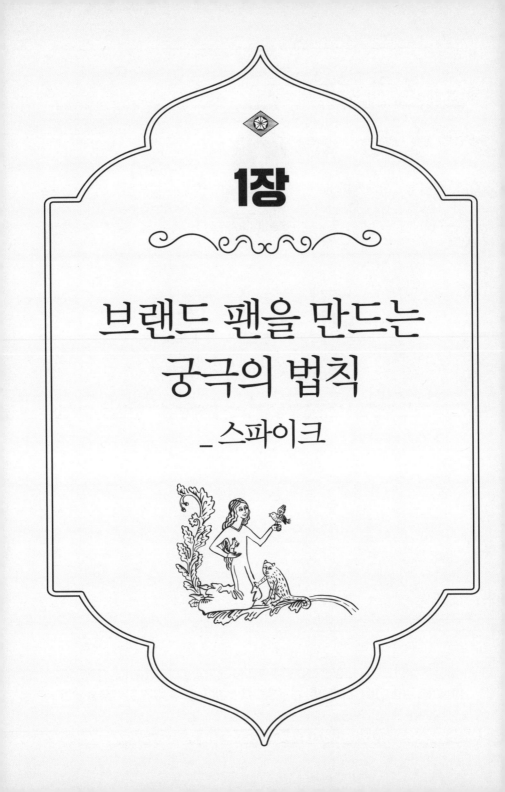

SP/KE

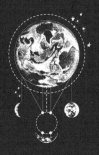

1-1

좋아하는 것과
팬이 되는 것은 다르다

브랜드 애착 정도를 측정하는 대신 자신이 팬인 브랜드에 대해 자유롭게 말하게
한 적이 있다. 그랬더니 생각보다 많은 참가자들이 자신이 팬인 브랜드가 무엇
인지 말하지 못했다. 그 후 다양한 워크숍과 인터뷰를 통해 같은 조사를 반복했
는데 결과는 마찬가지였다. 생각보다 많은 사람들이 팬인 브랜드를 말하는데 주
저하는 모습을 보이거나 팬인 브랜드가 없다고 응답했다.

당신은 어떤 브랜드의 팬인가?

나는 지난 몇 년간 브랜드 팬에 대한 대규모 조사와 연구를 진행했다. 미국에서 1000명 이상의 소비자를 대상으로 대규모 설문조사를 실시했으며, 한국에서도 지속적으로 설문조사와 인터뷰, 워크숍 등을 진행하고 있다. 그런데 브랜드 팬을 조사하는 과정에서 한 가지 흥미로운 사실을 발견했다. 이는 내 이론의 근간이 된 발견이기도 하다.

초기에 연구를 진행할 때 나는 브랜드 팬을 찾아내고 그들의 마음을 측정하기 위해 '브랜드 애착' 척도를 사용했다. 브랜드 애착이란 브랜드에 대해 사람들이 느끼는 정서적 연결감과 유대감을 의미한다. 지난 수십 년간 경영학자들에 의해 연구된 개념으로, 브랜드 팬이 브랜드와 맺는 관계의 핵심이라고 말할 수 있다. 당연히 브랜드 팬에 대한 연구에서도 팬심의 정도를 측정하기 위한 방법으로 많이 사용되고 있다. 브랜드 애착을 측정하는 항목의 예는 아래와 같다.

□ 나는 브랜드에 정서적 유대감을 느낀다.
□ 나는 브랜드를 내 정체성의 중요한 일부분처럼 느낀다.

연구자는 설문 응답자들에게 위와 같은 질문을 던지고, 그들로

하여금 자신의 대답을 척도상에 표시하게 한다. 가령, 브랜드에 정
서적 유대감을 전혀 느끼지 못하면 1점에 표시하고, 아주 강한 유대
감을 느끼면 5점이나 7점 등 척도상의 최고점에 표시한다. 브랜드
애착 개념은 브랜드 팬의 정의에 부합하고, 브랜드 팬의 행동(가령 브
랜드 홍보, 브랜드에 대한 지지와 옹호, 반복 구매 등)을 예측하게 해주므로 마케
팅 연구에 널리 사용되고 있다. 나 역시 설문조사를 통해 사람들이
특정 브랜드에 느끼는 애착 정도를 측정해서 이를 바탕으로 브랜드
애착을 상승시키거나 하락시키는 요인들을 연구해왔다.

그런데 별도의 조사에서 이러한 척도를 사용해 브랜드 애착 정
도를 측정하는 대신 참가자들로 하여금 자신이 팬인 브랜드에 대해
자유롭게 말하게 한 적이 있다. 그랬더니 생각보다 많은 참가자들이
자신이 팬인 브랜드가 무엇인지 말하지 못했다. 그 후 다양한 워크
숍과 인터뷰를 통해 같은 조사를 반복했는데 결과는 마찬가지였다.
생각보다 많은 사람들이 팬인 브랜드를 말하는데 주저하는 모습을
보이거나 팬인 브랜드가 없다고 응답했다.

이러한 응답은 내 기대를 완전히 벗어나는 것이었다. 그전까지
나는 브랜드 팬은 정도degree의 문제라고 생각했다. 정서적 애착이
라는 개념 자체가 정도의 문제이기 때문이다. 엄마에게 강한 애착을
형성하고 있는 아이가 있는가 하면 약한 애착을 형성하고 있는 아이
도 있기 마련이다. 마찬가지로 특정 브랜드에 열광적인 팬심을 가진

사람도 있고, 약한 수준의 팬심을 가진 사람도 있을 것이다. 그래서 정도는 약할 수 있어도 어느 사람에게나 자신이 팬인 브랜드가 최소한 하나쯤 있을 것이라고 생각했다. 그런데 자신이 팬인 브랜드에 대해 자유롭게 말하게 하자 대답을 주저하거나 팬인 브랜드가 없다고 말하는 경우가 생각보다 많았다. 이는 자신이 특정 브랜드의 팬이라고 생각하는 게 정도의 문제가 아니라는 것을 의미한다. 동시에 지금까지 브랜드 팬을 연구하기 위해 심리학의 애착 개념을 사용한 것에 근본적인 문제가 있음을 시사하기도 한다. 내 연구의 근간을 흔드는 충격적인 일이었다.

좋아하는 브랜드와 팬인 브랜드

이런 발견을 한 이후 나는 이 현상을 더 파고들어가보기로 했다. 다양한 브랜드의 마케터들과 여러 차례 워크숍을 진행할 기회가 있었는데, 이 자리에서 나는 자신이 좋아하는 브랜드를 종이에 자유롭게 적어보라고 요구했다. 이 책을 읽고 있는 여러분도 종이를 꺼내 자신이 좋아하는 브랜드를 자유롭게 적어보기 바란다.

내가 좋아하는 브랜드

- 나이키

- 유니클로

- 무탠다드

- 로지텍

- 다이슨

- 탐사

- 메가커피

- 쿠팡

워크숍에 참가한 마케터들은 거침없이 자신이 좋아하는 브랜드를 적어 나갔다. 종이를 가득 채울 정도로 적는 사람도 있었다. 여러분 중에도 종이에 꽤 많은 브랜드를 적은 이들이 있을 것이다. 이 다음 단계가 중요하다. 마케터들이 자신이 좋아하는 브랜드를 모두 적고 나면, 그중에서 자신이 팬이라고 말할 수 있는 브랜드를 골라보라고 했다. 이때부터 재미있는 일이 생기기 시작했다. 많은 마케터들이 자신이 팬인 브랜드를 선택하는 것을 주저하거나 망설였다. 자신이 적은 수많은 브랜드 가운데 팬인 브랜드로 선택하는 브랜드는 아주 일부에 불과했다. 하나의 브랜드도 선택하지 못한 마케터도 있었다. 한 마케터는 자신이 좋아하는 브랜드로 가장 먼저 로지텍Logitech을 적었고, 자신이 왜 로지텍을 좋아하는지 장황하게 설명을 늘어놓았다. 하지만 팬인 브랜드를 선택할 때는 로지텍을 선택하지 않았다.

이 워크숍이 진행되는 동안 많은 마케터가 적지 않은 당황스러움을 느꼈다. 자신이 좋아하는 브랜드가 많다고 생각했는데 막상 팬인 브랜드를 선택하는 것이 어렵다는 것을 깨닫게 되었기 때문이다. 또한 팬인 브랜드를 하나도 선택하지 못하는 사람들이 생각보다 많다는 것을 알게 되었기 때문이다. 대부분의 마케터들을 브랜드에 대한 지식과 경험이 많기 때문에 그만큼 좋아하는 브랜드도 많다. 그래서 모든 마케터가 팬인 브랜드를 한두 개쯤 가지고 있을 것이라고 생각하게 된다. 그렇다 보니 자신이 혹은 동료 마케터가 팬인 브랜드를 선택하지 못하는 모습에 적잖이 놀라고 당황한 것이다. 이 간단한 작업에 우리가 알아야 할 가장 중요한 진실이 담겨 있다. **좋아하는 것과 팬이 되는 것은 전혀 다른 차원의 문제라는 것이다.**

좋아하는 것과 팬인 것의 차이

사람들은 살아가면서 다양한 브랜드에 호감을 느끼고 좋아하게 된다. 하지만 자신이 어떤 브랜드의 팬이라고는 쉽게 말하지 못한다. 왜 그럴까? 그 이유를 알려면 팬이라는 개념의 특성을 제대로 이해해야 한다. 어떤 대상을 좋아한다는 것은 마음의 '정도'를 표현하는 개념이다. 그 대상을 조금 좋아할 수도 있고, 많이 좋아할 수도 있다. 다양한 수준의 정도를 담아내는 개념이기 때문에 좋아한다고 느끼는 마음의 정도는 달라도 포괄적으로 좋아한다는 표현을 사용할 수 있다. 가령, 딸기를 미친듯이 많이 좋아하는 사람이나 다른 과일보다 비교적 좋아하는 사람 모두 '딸기를 좋아한다'고 말할 수 있다. 게다가 마음의 정도는 언제든지 바뀔 수 있다. 오늘은 어떤 음식이 아주 좋지만, 얼마 후에는 다른 음식을 좋아하게 되는 일이 부지기수다.

　이처럼 다양한 수준의 정도와 변화 가능성이 늘 존재하기 때문에 어떤 사람이 특정 브랜드를 좋아한다는 표현을 사용해도 우리는 그 브랜드를 그 사람에 대한 정의나 정체성의 중요한 부분으로 생각하지 않는다. **반면 팬은 정도가 아니라 사람의 '범주category'를 나타내는 개념이다.** 팬이라는 말 자체가 '퍼내틱fanatic', 즉 '열광적인 지지자나 광신도'에서 나온 말이다. 즉, 팬은 '대상에 아주 강한 애정을 가진 사람'이라는 의미로, '범주'를 지칭하는 개념이다. 그래서 어떤 사람이 특정 브랜드의 팬이라는 표현을 사용하면, 우리는 그 브랜드로 그 사람을 정의하게 된다. 그 사람을 특정 브랜드의 팬이라는 '범주'에 속하는 사람으로 인식하게 되는 것이다. 또한 팬이라는 개념 자체가 광신도 같은 극단적인 상태를 지칭하기 때문에 그 브랜드를 그 사람의 정체성의 중요한 부분이라고 생각하게 된다. 이것이 많은 사람들이 특정 브랜드의 팬이라고 말하는 것을 주저하게 되는 이유다.

앞서 자신이 좋아하는 브랜드 1번으로 로지텍을 선택한 마케터에 대해 이야기했다. 그는 로지텍 다음으로 유니클로Uniqlo를 좋아하는 브랜드로 꼽았다. 하지만 정작 팬인 브랜드를 선택해야 할 때 그는 로지텍도 유니클로도 선택하지 않았다. 자신이 많이 좋아하는 브랜드이지만 다른 사람들이 로지텍이나 유니클로를 자기 정체성의 중요한 부분으로 생각하는 것은 원하지 않았기 때문이다.

어떤 브랜드의 팬이라고 말하는 것은 다른 사람들에게 자신의 정체성에 대해 공개적으로 선언하는 것과 마찬가지다. 이런 의미에서 **브랜드의 팬이 된다는 것은 우리 스스로에게 다른 사람들이 쉽게**

우리가 누구이고 어떤 사람인지 알게 해주는 이름표, 즉 '사회적 표식'을 몸에 붙이는 것이다. 사회 속에서 브랜드라는 표식을 통해 자신의 정체성을 표현하고, 또 다른 사람들이 이 표식을 통해 자신이 어떤 사람인지 인식하게 하는 것이다. 이것이 브랜드 팬이 되는 것과 단순히 브랜드를 좋아하는 것의 결정적인 차이다.

이어폰과 에어팟

나는 내 강의를 듣는 대학생들에게 자신이 좋아하는 것이 무엇인지 소개하라는 과제를 내주곤 한다. 한 학생이 다음과 같이 적었다.

에어팟을 끼고 밤에 혼자 걷는 것을 좋아합니다.

간단한 문장이지만 이 속에 브랜드 팬에 대한 중요한 진실이 담겨 있다. 이 문장의 의미는 '음악을 들으며 밤에 혼자 걷는 것을 좋아한다'는 것이다. 조금 구체적으로 표현하면 '이어폰을 끼고 음악을 들으며 밤에 혼자 걷는 것을 좋아한다' 정도가 될 것이다. 하지만 이 학생은 문장에 굳이 '에어팟AirPods'이라는 브랜드를 사용했다. 에어팟이라는 브랜드를 자신의 정체성을 나타내는 사회적 표식으로 사용한 것이다. 만약 이 학생이 삼성 버즈Buds나 샤오미Xiaomi 이어폰을 사용하고 있다면, '삼성 버즈를 끼고 밤에 혼자 걷는 것을 좋아한다' 고 표현하거나 '샤오미 이어폰을 끼고 밤에 혼자 걷는 것을 좋아한 다'고 표현하지는 않았을 것이다. 표현에서 브랜드가 철저히 숨겨졌 을 것이다.

브랜드 팬을 만들기 위해서는 사람들이 당당하게 붙이고 다니는 사회적 표식이 될 수 있어야 한다. 브랜드가 사회적 표식으로 사용되 는 좋은 예가 있다. 바로 스티커다. 많은 사람들이 노트북이나 스마 트폰 케이스, 여행 캐리어 등을 다양한 종류의 스티커로 꾸미곤 한 다. 음식을 배달하는 오토바이 뒤에 매달린 상자에 갖가지 종류의 스티커가 붙어 있는 모습도 쉽게 볼 수 있다. 나도 노트북에 해골 스 티커를 붙이고 다닌다. 이런 스티커는 빌린 물건이나 잠깐 사용하는 물건이 아니라 자신이 소유한 물건에만 붙일 수 있다. 또한 다른 사 람들에게 강하고 분명하게 인식된다. 그래서 자신이 어떤 사람인지 표현하는 수단으로 사용된다. 말 그대로 자신에 대한 사회적 표식인 것이다.

브랜드 팬이 된다는 것은 자신의 몸에 이런 스티커를 붙이는 것 이나 마찬가지다. 그것도 스마트폰 케이스를 꾸미는 데 사용되는 귀 엽거나 멋진 그림들이 아니라 회사명이나 제품명이 인쇄된 스티커 를 붙이는 것이다. 사람들은 당연히 자신의 정체성을 드러내면서 동시에 자신을 매력적으로 보이게 하는 데 도움이 되는 스티커를 붙이고 싶을 것이다. 아무리 자신이 좋아하는 브랜드라 하더라도, 아무리 큰 가치를 제공하는 브랜드라 하더라도 자신의 정체성과 매력을 제대로 나타내지 못한다면 스티커로 붙이고 싶지는 않을 것이다.

브랜드가 팬을 만들기 위해서는 노트북에 크게 붙여놓을 수 있는 **스티커 브랜드**가 되어야 한다. 사람들이 공개적으로 자신의 정체성이라고 선언할 수 있는 브랜드만이 팬을 만들어낼 수 있다. 아무리 품질이 좋더라도, 아무리 브랜드를 좋아하는 충성 고객이 많더라도 스티커 브랜드가 될 수 없는 브랜드는 팬을 만들기 어렵다.

이것이 바로 내가 브랜드 팬에 대한 많은 설문조사와 인터뷰, 워크숍을 통해 깨닫게 된 사실이다. 너무도 간단한 사실이지만 지금까지 한 번도 제대로 말해지지 않은 사실이다. 이 간단한 사실은 내 연구를 포함해 지금까지 행해진 브랜드 팬에 대한 수많은 연구들(즉, 브랜드 팬을 브랜드 애착이나 호감의 정도로 정의했던 연구들)이 잘못된 것일 수도 있음을 의미한다. 또한 여태껏 우리가 브랜드 팬을 만드는 데 도움이 된다고 믿었던 방법들이 사실은 전혀 도움이 되지 않았을 수도 있다는 것을 보여준다.

이 같은 사실을 깨달은 이후, 내 연구의 방향성은 명확해졌다. 팬을 만들기 위해서는 브랜드의 가치를 높이고 브랜드에 대한 호감을 높이는 것이 중요한 게 아니었다. 내가 찾아야 하는 것은 스티커로 붙이고 싶은 브랜드, 즉 **스티커 브랜드**가 되는 방법이었다.

위상이라는 표식

어떻게 해야 브랜드가 사회적 표식이 될 수 있을까? 역사적으로 볼 때 사회적 표식에는 두 종류가 존재한다. 하나는 사회 속에서 자신의 위상이나 신분이 얼마나 높은지 보여주는 표식이고, 다른 하나는 자신의 독특하고 차별적인 개성을 드러내는 표식이다. 우선 이들에 대해 각각 자세히 알아보자.

'사회적 위상social status'이란 사람이 사회에서 차지하는 위치를 말한다. 사람은 누구나 본능적으로 사회 속에서 높은 위상을 획득하고 싶어 한다. 또한 높은 위상을 가진 사람들은 자신의 위상을 다른 사람들에게 드러내고 싶어 한다. 이러한 욕구로 인해 높은 위상을 가진 사람들은 자신의 위상을 상징하는 표식을 만들고 즐겨 사용한다.

의복과 장신구는 모든 문화권에서 사회적 위상의 상징으로 가장 흔하게 사용되어왔다. 역사적으로 신분이 높은 사람들은 구하기 어려운 재료로 만들어진 장신구나 평범한 사람들은 입기 불편해서 선택하지 않는 의복을 착용함으로써 자신들의 높은 위상을 드러내곤 했다. 예를 들어 15~16세기 유럽 귀족들은 신분의 상징으로 '러프ruff'라고 불리는 장신구를 목에 두르고 다녔다. 유럽 명화에서 주름이 잔뜩 잡힌 커다랗고 하얀 장신구를 목 주위에 두르고 있는 사람을 본 적 있을 것이다. 이 장신구가 바로 러프다. 윌리엄 셰익스피

어William Shakespeare의 초상화에서도 크고 넓은 러프를 두른 모습을 볼 수 있다. 러프가 너무 크고 넓어서 목을 움직이는 것조차 어려웠다. 하인이 없으면 도저히 사용할 수 없는 물건이었는데, 이런 점 때문에 높은 신분의 상징으로 오랜 기간 사용됐다. 이 러프가 전해져 내려온 것이 바로 우리가 입는 셔츠에 달려 있는 칼라다. 15~16세기의 러프는 19세기 후반에 들어서면서 보다 실용적인 성격을 가진 '하이 칼라high collar'로 변했다. 20세기 들어서도 빳빳한 하얀색 칼라는 남자들의 신분을 나타내는 상징으로 사용됐다. 전문직 종사자를 '화이트 칼라white collar', 노동자를 '블루 칼라blue collar'라고 부르는 관습도 여기에서 비롯된 것이다.

이처럼 역사적으로 의복과 장신구는 높은 사회적 위상을 드러내는 표식으로 사용되어왔다. 그러나 이제는 러프나 칼라처럼 특정한 형태의 의복이 사회적 위상의 표식으로 사용되지는 않는다(미국과 유럽에는 크고 빳빳한 칼라를 목에 꽉 맞춰서 입는 것을 높은 신분의 상징으로 여기는 전통이 여전히 남아 있다). 대신 럭셔리 브랜드가 그 역할을 대신하고 있다. 럭셔리 브랜드를 제품 가격이 비싼 브랜드라고 생각하기 쉽지만, 단

순히 가격이 비싸다고 해서 럭셔리 브랜드의 지위를 가질 수 있는
것은 아니다. 럭셔리 브랜드가 되기 위한 가장 중요한 조건은 사회
적 위상의 표식으로 사용될 수 있는지 여부다. 아무리 비싼 제품을
선보이더라도 사회적 위상의 표식으로 사용되지 못하면 럭셔리 브
랜드로 여겨지지 않는다. 가령, 프로스펙스가 지금부터 100만 원이
넘는 운동화만 판매하기 시작하더라도 럭셔리 브랜드의 지위를 얻
을 수는 없을 것이다. 반대로 럭셔리 브랜드인 발렌시아가Balenciaga
에서 3만 원짜리 운동화를 선보여도 발렌시아가 브랜드가 높은 사
회적 위상의 표식으로 여겨지는 한 이 운동화는 럭셔리 브랜드 운동
화로 여겨질 것이다.

이처럼 럭셔리 브랜드의 본질은 사회적 위상의 표식으로서의
역할이다. 그렇기 때문에 럭셔리 브랜드는 팬 브랜드가 되기 쉽다.
자신이 얼마나 높은 사회적 위상을 차지하고 있는지 드러내고 싶어
하는 사람들이 공개적으로 자신의 정체성을 선언하는 데 사용하는
브랜드가 되기 때문이다. 실제로 특정 브랜드가 럭셔리 브랜드로서
의 지위를 얻게 되면 자연스럽게 많은 팬층이 생기기 마련이다. 브
랜드 팬을 만들기 위해서 별다른 노력을 하지 않아도 지위 자체가
팬을 만들어내는 것이다.

대부분의 브랜드가 가진 문제는 럭셔리 브랜드가 아니라는 점
이다. 그래서 브랜드 팬을 만들기 위해 럭셔리 브랜드를 연구하는

것은 큰 도움이 되지 않는다. 우리에게 필요한 것은 럭셔리 브랜드가 팬을 만드는 방법을 이해하는 것이 아니라 럭셔리 브랜드가 아닌 브랜드가 팬을 만드는 방법을 찾아내는 것이다.

개성이라는 표식

사람들은 자신이 높은 사회적 위상을 가진 사람이라는 것을 느끼고 싶어 하고, 또 이를 남들에게 드러내고 싶어 한다. 과거에는 타고난 혈통이나 신분이 사회적 위상을 결정했지만, 신분제가 사라진 현대 사회에서는 누구든지 소비를 통해 상징적으로 높은 사회적 위상을 획득할 수 있다. 그래서 소득의 많음과 적음에 상관없이 다양한 소득과 연령대에서 럭셔리 브랜드에 대한 소비가 발생하고 있다.

그런데 모든 사람이 높은 사회적 위상을 획득하고 싶은 욕구를 가진 것은 아니다. 특히 젊은 세대들에게서는 높은 사회적 위상이 아니라 자신만의 독특한 개성을 표현함으로써 자신을 기성 세대와 차별화하려는 경향이 나타난다. 아직 사회에 나가지 않은 청소년이나 젊은이들은 돈으로 높은 사회적 위상을 획득하기 어렵다. 대신 이들은 기성 세대, 즉 나이 든 사람들은 잘 모르는 그들만의 문화를 만들어내고 그 문화를 즐기는 모습을 보여줌으로써 자신들만의 특별함을 느낀다. 그래서 젊은 세대들 사이에서는 그들만을 위한 새로운 패션 스타일, 음악 장르, 놀이 문화가 끊임없이 만들어진다. 만약 어떤 브랜드가 자신들의 문화를 상징하는 브랜드로 인식되면 그들은 그 브랜드를 적극적으로 수용하고, 자기 정체성의 중요한 부분으로 여기게 된다. 브랜드가 이들 문화의 상징, 즉 아이콘이 되는 것이다.

특정 문화 집단을 상징하는 브랜드를 '서브컬처 브랜드'라고 부른다. 서브컬처 브랜드의 대표적인 예로 반스가 있다. 반스는 1966년 미국 캘리포니아주 애너하임에서 폴 반 도렌Paul Van Doren과 짐 반 도렌Jim Van Doren 형제가 만든 회사다. 반 형제들이 만든 신발이라서 '반스'라는 이름을 붙였다. 반스는 스케이트보드 신발로 유명하지만 처음부터 스케이트보드용으로 신발을 만든 것은 아니었다. 미국 애너하임 지역에서 스케이트보드 붐이 일어나고 스케이트보더들이 반스 운동화를 신으면서 스케이트보더들 사이에서 인기 신발로 부상하게 된 것이다. 이후 반스는 스케이트보더들과 적극적으로 협업하면서 미국 스케이트보드 문화를 상징하는 브랜드로 자리매김 하게 됐다.

스케이트보드는 미국 젊은 이들의 대표적인 서브컬처다. 미국에서 처음 만들어졌고, 젊음과 자유로움, 창의성, 길거리를 상징한다. 특히 어른들이 조직하고 관리하며 훈련시키는 여타 스포츠와

달리 온전히 젊은이들 사이에서 모든 것이 이뤄지는 스포츠이기 때문에 젊은이들만을 위한 문화라는 이미지가 강하다. 그래서 스케이트보드를 타는 것은 많은 미국 젊은이들에게 자신들만의 고유한 정체성으로 인식된다. 이런 이유로 스케이트보드 문화의 상징처럼 여겨지는 반스는 스티커 브랜드가 될 만하다. 브랜드가 자신의 정체성을 드러내는 표식이 되는 것이다.

반스 같은 특정 서브컬처를 상징하는 브랜드는 팬을 만들기 쉽다. 굳이 팬을 만들려고 노력하지 않아도 그 문화에 속한 사람들이 자신의 정체성을 드러내는 표식으로 브랜드를 사용하기 때문에 저절로 팬이 만들어진다. 그런데 팬을 만들기 위해 고민하는 브랜드는 대부분 특정 서브컬처를 상징하는 브랜드가 아니다. 이런 브랜드는 이미 많은 팬을 가지고 있기 때문에 팬을 만드는 방법을 찾을 필요 자체가 없다. 그렇다고 해서 브랜드가 특정 서브컬처를 대표하는 것이 반드시 좋은 일은 아니다. 서브컬처의 성격 자체가 일반 소비자들의 문화와 큰 차이가 있어서 고객층이 확장되기 어렵기 때문이다. 이런 브랜드는 소수의 사람들 사이에서만 유행하는 '컬트' 브랜드로 남게 된다.

한 예로 내가 개인적으로 좋아하는 브랜드 중 키르티무카Kirtimukha라는 의류 브랜드가 있다. 이 브랜드는 사찰의 처마나 문고리에서 볼 수 있는 귀면(귀신 얼굴) 모양에서 브랜드 로고를 따왔고, 옷

스타일도 동양 전통 의상을 연상시키는 디자인과 색상을 사용한다. 이런 스타일을 좋아하는 사람은 나처럼 이 브랜드의 열렬한 팬이 되겠지만, 이런 독특한 옷을 입고 다니는 사람은 매우 제한적일 수밖에 없다. 브랜드의 개성이 브랜드 팬을 만들어내지만 확장성을 제한하는 것이다.

시간이 지남에 따라 서브컬처 집단의 크기가 변하면 서브컬처를 상징하는 브랜드는 위험에 처하게 될 수도 있다. 가령, 미국의 오토바이 브랜드 할리 데이비슨Harley-Davidson은 베이비붐 세대의 남성성을 상징하는 브랜드인데, 지금은 이런 문화를 추종하는 사람들의 규모 자체가 크게 줄어들었다. 문화 집단의 크기가 작아지면 브랜드의 힘도 함께 줄어들 수밖에 없다. 스케이트보드는 서브컬처로 시작해서 메인스트림 문화로 자리 잡은 흔하지 않은 경우다. 하지만 서브컬처의 규모가 확장되지 못하고 시간이 지나면서 줄어들거나 사라져버리는 경우, 서브컬처의 표식이 된 브랜드도 함께 사라지는 운명을 맞이하게 된다.

모든 브랜드가 사회적 표식이 될 수 있는 새로운 방법을 찾아라

높은 사회적 위상을 상징하는 럭셔리 브랜드나 특정 문화 집단을 상징하는 서브컬처 브랜드는 쉽게 팬을 만들어낼 수 있다. 브랜드가 사람들 사이에서 사회적 표식으로 역할하기 때문이다. 사람들이 자신이 소유한 제품에 붙이는 스티커들을 살펴보면 루이뷔통이나 구찌 같은 럭셔리 브랜드나 반스, 스투시, 슈프림Supreme, 칼하트Carhartt 같은 서브컬처를 상징하는 브랜드인 경우가 많다. 심지어 이들 브랜드를 몸에 문신으로 새기는 사람들도 있다. 하지만 브랜드 팬을 만들기 위해 고민하는 브랜드는 대부분 이런 브랜드가 아니다. 이런 브랜드는 팬을 만들기 위해 고민할 필요조차 없다. 우리는 럭셔리 브랜드나 서브컬처 브랜드가 아닌 브랜드가 팬을 만드는 방법을 찾아야 한다. 여기서 내 연구의 두 번째 챕터가 시작된다.

SP/KE

1-2

팬을 만드는 궁극의 법칙
_ 스파이크

스파이크가 발생하면 브랜드가 선망성 집단의 표식이 되면서 브랜드 팬이 빠르게 퍼져 나간다. 이는 많은 팬을 가지고 있는 브랜드에 공통적으로 발생하는 현상이며, 모든 브랜드가 팬을 만들어낼 수 있는 가장 확실한 법칙이다. 이 법칙을 '스파이크 전략'이라고 부른다.

브랜드 팬의 확산, 스파이크 현상이 존재한다

특정 브랜드의 팬인 사람들에 대한 연구와 별도로 팬이 많은 브랜드와 그렇지 않은 브랜드의 사례 분석을 진행했다. 지난 몇 년간 팬이 많은 브랜드의 사례를 수집하고 조사하면서 또 하나 흥미로운 사실을 알게 됐다. 많은 팬을 가진 브랜드는 공통적으로 브랜드 팬이 확산되는 초기에 문화적으로 동질적인 집단에서 먼저 강렬한 반응, 즉 **스파이크 반응**이 나타난다는 점이다.

문화적으로 동질하다는 것은 라이프스타일이나 제품, 음식, 옷 등에 대한 취향이 비슷하다는 의미다. 사람들은 저마다 각기 고유한 취향을 갖는다. 사람의 취향은 나이, 성별, 소득, 교육 수준 같은 인구통계학적 요인의 영향을 받지만, 이런 요인과 전혀 상관없을 수도 있다. 가령 10대 청소년과 50대 직장인이 상당히 유사한 취향을 가질 수도 있다. 많은 팬을 가진 브랜드는 공통적으로 그 중심에 취향이 유사한 사람들이 존재하고, 이들 사이에서 브랜드에 대한 열광적인 반응이 만들어진다.

지금은 많은 팬을 가진 브랜드라 하더라도 처음부터 많은 팬이 존재했던 것은 아니다. 팬 브랜드가 되는 데는 반드시 팬이 만들어지고 확산되는 과정이 존재한다. 중요한 것은 팬이 확산되는 모습이다. 어떤 브랜드의 팬이 늘어날 때 마치 서로 관계없는 사람들이 이

곳저곳에서 산발적으로 브랜드 팬이 되는 것처럼 보일 수도 있지만
(아래 왼쪽 그림) 막상 사례들을 분석해보면 그렇지 않다는 것을 알게
된다. 팬 브랜드들의 경우, 팬이 확산되는 초기에 취향이 유사한 사
람들 사이에서 먼저 브랜드에 열광적인 반응이 나타난다(아래 오른쪽
그림). 이들은 그림에서 원의 중심, 즉 코어에 해당하는 사람들이다.
이들이 먼저 브랜드의 팬이 되면서 강한 스파이크 반응을 만들어낸
다. 스파이크가 발생한 뒤에는 이들 주변의 사람들, 즉 다양한 취향
과 선호를 가진 사람들에게로 브랜드에 대한 관심이 점진적으로 확
산된다.

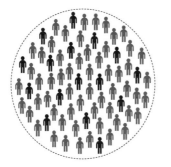 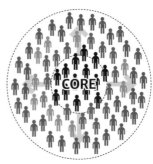

브랜드의 팬이 생겨나기 시작할 때는 사회 속 다양한 사람들 사이에서 산발적으
로 팬이 만들어진다고 생각하기 쉽다(왼쪽). 하지만 많은 팬을 보유한 브랜드의 초
기 고객층을 분석해보면 취향이나 라이프스타일 측면에서 상당히 동질적인 사람
들 사이에서 브랜드에 대한 강한 반응이 나타난 뒤 다양한 사람들로 팬이 확산된
다는 것을 알 수 있다(오른쪽).

테슬라의 '모델SModel S'를 예로 들어보자. 모델S는 2012년 선보인 고가의 세단형 차량으로 벤츠의 S클래스S-Class, BMW의 7시리즈7 Series, 아우디의 A8 같은 럭셔리 세단이 경쟁 대상이다. 그런데 모델S의 초기 구매자 프로파일을 분석한 자료에 따르면, 모델S 구매자들은 다른 럭셔리 세단 구매자들과 큰 차이를 보였다. 당시 시장에서 판매되던 전기차 구매자의 프로파일과도 달랐다. 모델S의 초기 구매자들은 고소득자이면서도 다른 브랜드 자동차 구매자들과 비교할 때 상대적으로 연령은 낮고 학력 수준은 높았다. 특히 실리콘밸리 지역의 젊은 엔지니어와 창업자, 기업인들이 모델S를 많이 구입했다.

이들은 기존 부자들과는 다른 취향을 가진 사람들이다. 새로운 하이테크 기술을 빠르게 수용하며, 디자인을 중요시하고, 환경 문제에 관심이 큰 새로운 유형의 부자들이다. 테슬라 모델S가 출시된 뒤 이들 사이에서 강한 스파이크 반응이 나타난 것이다. 그 후 시간이 지나면서 테슬라는 다양한 취향을 가진 사람들 사이에서 많은 팬을 만들어냈다. 최종적으로 테슬라 모델S를 구입한 사람들의 취향은 매우 다양했지만 초기 구매자, 즉 코어에는 문화적으로 동질적인 사람들이 존재했다. 뒤에 자세히 다루겠지만, 스파이크 현상은 많은 팬을 가진 브랜드에서 공통적으로 발생한다. 반면, 팬을 가지지 못한 브랜드에서는 스파이크 현상을 보기 어렵다.

누구에게 스파이크가 발생하는가?

많은 팬을 보유한 브랜드들에서 공통적으로 스파이크 반응이 발생했다는 사실은 브랜드 팬을 만드는 데 있어서 스파이크 반응이 필수적임을 시사한다. 그렇다면 왜 스파이크 반응이 브랜드가 팬을 만드는 데 도움이 되는 것일까? 일부 사람들이 브랜드에 열광적으로 반응하면 나머지 사람들이 이들을 단순히 따라가기 때문일까? 그렇지는 않다. 가령, 특정 브랜드의 운동화가 내 또래 장년층 남성 교수들 사이에서 강한 스파이크 반응을 일으켰다고 가정해보자. 그렇다고 해서 이 책을 읽고 있는 당신이 '나도 저 운동화를 사볼까?' 하고 생각하지는 않을 것이다. 오히려 절대로 그 브랜드의 운동화는 사지 않아야겠다고 생각하게 될 가능성이 높다. 단순히 일부 사람들 사이에서 강한 스파이크 반응이 발생한다고 해서 브랜드 팬이 만들어지는 것은 아니다.

그런데 팬 브랜드의 스파이크 반응을 좀 더 상세히 살펴보면 스파이크 반응이 발생하는 대상이 누구인지와 관련해서 특징적인 유사성이 존재한다는 것을 알게 된다. 바로 **사회 속에서 문화적 선망성을 가진 사람들** 사이에서 스파이크 반응이 발생한다는 점이다. 마케팅 이론에는 '선망성 브랜드aspirational brand'라는 개념이 있다. 사람들이 가지고 싶어 하지만 비싸서 쉽게 갖지 못하는 브랜드를 말한다. 주로 고가 럭셔리 브랜드를 지칭하는 데 사용되는 표현이다.

브랜드 중에도 선망성을 가진 브랜드가 별도로 존재하는 것처럼, 사회 안에도 선망성을 가진 사람들이 따로 존재한다. 다른 사람들에게 그들처럼 되고 싶은 마음, 그들의 집단에 속하고 싶은 욕구를 불러일으키는 사람들을 말한다. 그런데 제품과 다르게 사회적 위상이나 돈이 반드시 선망성을 만들어내는 것은 아니다. 이것이 마케팅 이론에서 사용되는 선망성 브랜드 개념과 다른 점이다. 아무리 돈이 많아도 사회 속에서 아무런 선망성을 만들어내지 못할 수도 있다. 큰 재산을 가졌지만 아무도 그 사람처럼 되고 싶다고 생각하지 않을 수도 있는 것이다. 반면 돈이 없어도 취향이 뛰어나거나 패션 스타일이 좋으면 선망성, 즉 '그 사람처럼 되고 싶은 마음'을 불러일으킬 수 있다. 이러한 차이점을 구분하기 위해 사람이 가진 선망성을 '문화적 선망성'이라고 부른다.

문화적 선망성을 만드는 요인은 다양하다. 물건에 대한 취향일 수도 있고, 옷을 입는 스타일일 수도 있다. 취미나 라이프스타일일 수도 있고, 인테리어 감각일 수도 있고, 말투나 행동, 외모일 수도 있다. 사람들은 문화적 선망성을 가진 사람들과 비슷해지고 싶은 욕구를 느낀다. 그래서 문화적 선망성을 가진 사람들의 취향은 다른 사람들에게 빠르게 확산되는 경향이 있다. 물이 위에서 아래로 흐르듯, 이들의 취향이 사회 속 나머지 사람들에게 흘러 내려가는 것이다.

　　팬 브랜드의 가장 중요한 특징은 스파이크 반응이 바로 문화적 선망성을 가진 집단에서 발생한다는 점이다. 이를 '선망성 스파이크 현상'이라고 부른다. **선망성 스파이크 현상은 '브랜드가 사회에서 문화적 선망성을 가진 사람들 사이에서 열광적 반응을 불러일으키는 것'**이라고 정의할 수 있다. 아래 그림은 선망성 스파이크 현상을 보여준다. 팬이 확산되는 초기에 브랜드에 반응하는 코어에 있는 사람들이 바로 문화적 선망성을 가진 사람들이다.

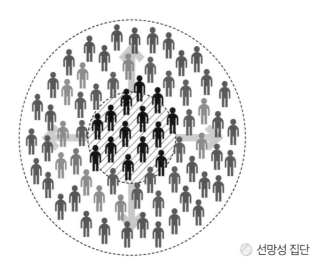

◎ 선망성 집단

팬이 확산되는 단계에서 코어에 해당하는 사람들이 문화적 선망성을 가지고 있는지 여부가 브랜드 팬이 만들어지는 데 있어 가장 중요한 요소다.

테슬라 모델S의 사례로 되돌아가보자. 처음에 모델S를 구입한 사람들은 실리콘밸리의 영앤리치들이었다. 이들은 교육 수준이 높으며, 젊은 나이에 큰 성공을 거뒀고, 최첨단 하이테크 제품을 빠르게 수용하는 얼리어답터다. 세련된 옷차림과 라이프스타일을 영위할 가능성도 높다. 실리콘밸리에서 큰 성공을 거둔 벤처사업가를 떠올리면 쉽게 상상할 수 있을 것이다. 이들은 미국 사회에서 문화적 선망성을 가진 사람들이다. 그렇기 때문에 이들이 열광적인 반응을 보인 테슬라의 자동차들은 나머지 하위 집단 사람들에게 빠르게 확산될 수 있었다.

선망성 스파이크 현상이 브랜드 팬을 만드는 데 중요한 이유는 무엇인가?

브랜드의 초기 사용자들이 누구인지는 브랜드 사용자 이미지를 형성하는 데 가장 큰 영향을 미치는 요인이다. 브랜드 사용자 이미지란 사람들이 브랜드의 주 사용자에 대해 가지고 있는 머릿속 '이미지'를 가리킨다(이미지이기 때문에 실제 사용자와 다를 수 있다. 가령, 당신 집 주변의 스타벅스 매장에선 장년층들이 모여서 커피를 마시지만, 당신 머릿속에 형성된 스타벅스의 사용자 이미지는 전혀 다를 수도 있다). 브랜드가 출시된 초기에 50~60대 장년 남성들이 많이 사용하면, 사회에서는 이 브랜드가 50~60대를 대상으로 만들어진 것이라는 이미지가 형성된다. 10대 청소년들이 많이 사용하면 10대 청소년을 위한 브랜드라는 이미지를 얻게 된다.

물론 반드시 초기 사용자들이 브랜드 사용자 이미지를 만드는 것은 아니다. 브랜드가 출시된 초기에 다양한 사람들이 사용하면 명확한 사용자 이미지가 형성되지 않는다. 주로 유통 플랫폼에서 이런 현상이 발생한다. 쿠팡의 예를 들어보자. 쿠팡의 초기 사용자층은 교육 수준, 소득 수준, 연령, 성별, 거주지 등에 있어서 다양성을 보였다. 브랜드가 출시된 초기에 다양한 사람들이 쿠팡을 사용했기 때문에 명확한 사용자 이미지가 형성되기 어려웠다. 반면 **초기에 문화적으로 동질적인 사람들이 브랜드를 사용하면 이들을 통해 브랜드의 주 사용자 이미지가 명확하게 만들어진다.**

앞서 브랜드 팬이 된다는 것은 자신의 몸에 사회적 표식을 붙이는 것이나 마찬가지라고 설명했다. **초기에 문화적 선망성이 높은 사람들 사이에서 열광적인 스파이크 반응이 발생하면, 이들을 통해 브랜드의 주 사용자 이미지가 형성된다.** 사회에서 선망성 높은 사람들이 사용하는 브랜드라는 이미지가 형성되는 것이다. **이런 사용자 이미지는 사회 속에서 브랜드가 선망성 집단을 상징하는 표식으로 작동하게 만든다.** 예를 들어, 스타벅스에 '경제적으로 여유가 있고, 전문직에 종사하며, 세련된 사람들이 마시는 커피'라는 이미지가 형성되면, 스타벅스라는 브랜드는 '경제적으로 여유 있고, 전문직에 종사하며, 세련된 사람들'이라는 사회적 집단을 상징하는 표식이 되는 것이다.

이처럼 특정 브랜드가 선망성 집단의 표식이라는 지위를 얻으면 선망성 집단의 일원이 되고 싶어 하는 사람들은 그 표식을 갖고 싶어진다. 표식을 자신의 몸에 부착함으로써 자신도 선망성 집단의 일원이라고 느끼게 되기 때문이다. 이를 위해 사람들은 그 브랜드를 자기 정체성의 일부로 수용하고, 자신이 그 브랜드의 지지자임을 공개적으로 선언한다. 이것이 바로 팬 브랜드가 많은 사람들 사이에서 브랜드 팬을 만들어내는 과정의 핵심이다.

이 과정을 보다 자세히 살펴보자. 애플은 미국에서 교육 수준이 높고, 소득 수준이 높으며, 사고방식이 자유롭고, 스타일 좋은 사람들이 사용하는 브랜드라는 이미지를 가지고 있다. 이런 사용자 이미지가 형성된 데는 여러 가지 이유가 있다. 애플이 초기 사업 전략으로 대학 캠퍼스와 컴퓨터 공급 계약을 체결하면서 대학생들 사이에서 맥(애플의 컴퓨터) 사용자가 많아진 데다, 오랜 기간 '맥을 사세요Get a Mac' 광고 캠페인을 진행하면서 의도적으로 이런 이미지를 만들어내기도 했다. 이 광고 캠페인에서 맥 사용자는 젊고 세련된 이미지로 묘사되고, PC 사용자는 나이 많고 융통성 없고 과체중인 사람으로 묘사됐다.

무엇보다 중요한 이유는 실제로 이런 사람들 사이에서 애플 제품에 대한 스파이크 반응이 발생했다는 점이다. 스티브 잡스Steve

Jobs가 애플에 복귀한 후 아이맥iMac 제품을 내놓자마자 대도시에 거주하는 젊고 세련된 취향을 가진 사람들 사이에서 스파이크 반응이 만들어졌다. 이 반응이 애플의 사용자 이미지를 만들어냈다. 애플 사용자에 대한 이런 이미지는 많은 젊은 사람들이 닮고 싶어 하고, 되고 싶어 하는 사람의 모습이다. 즉, 애플의 사용자 이미지는 문화적 선망성을 갖는다. 이러한 이미지 덕분에 애플 브랜드는 선망성 집단의 표식으로 작동하게 되었다.

앞서 소개했지만, 내 수업을 듣는 한 학생은 자신이 좋아하는 것을 이야기해보라고 하자 "에어팟을 끼고 밤에 혼자 걷는 것을 좋아합니다"라고 썼다. 이는 '에어팟'이라는 표식을 통해 자신이 선망성 집단의 일원이라는 것을 공개적으로 표현한 행동이다. 이 학생뿐만 아니라 애플의 팬임을 자처하는 학생들 대다수가 일상적인 대화 속에서 일반명사가 아닌 애플 혹은 애플의 제품(아이폰이나 에어팟)이라는 브랜드 표식을 사용한다. 브랜드가 문화적 선망성의 표식으로 사용된다는 것은 주변 사람들에게 스스로 광고와 홍보를 하는 것이나 마찬가지다. 브랜드 팬이 자신의 주변 사람들에게 마케팅을 하는 것이다. 이런 과정을 통해 브랜드 팬은 점진적으로 확산된다.

스파이크 전략, 기존 마케팅과 무엇이 다른가?

스파이크 전략이 무엇인지 충분히 잘 이해했을 것이다. 지금부터는 스파이크 전략이 기존 마케팅 전략과 어떤 차이점이 있는지 설명하겠다. **기존 마케팅의 핵심에는 '평균점'이 있다.** 타깃 고객을 결정한 후 그에 대한 설문조사나 인터뷰 등을 통해 이들을 이해하려고 한다. 이 과정에서 가장 평균적인 고객에게 제품과 서비스의 방향성이 맞춰진다.

평균점 고객을 구체적으로 묘사하기 위해 고객 페르소나를 설정하기도 한다. 가령, '서울에 거주하고 중견 기업에 근무하는 30살 김××'처럼 평균점 고객을 구체적 인물로 설정하는 것이다. 선호나 취향에 따라 고객들을 줄세워보면 평균점 주변에 가장 많은 고객들이 몰려 있다. 따라서 평균점을 중심으로 제품과 서비스를 개발하면 가장 많은 사람의 선호와 취향을 만족시킬 수 있게 된다. 이런 이유로 고객 세분화를 통해 분야별로 다른 제품을 출시하는 경우에도 초점은 각 분야의 평균점에 맞춰진다.

반면 스파이크 전략은 평균점을 철저히 무시한다. 문화적 선망성을 가진 집단은 고객 분포에서 가장 왼쪽에 위치하는 소수의 사람들이다. 스파이크 전략에서 브랜드가 제공하는 모든 것은 이 소수의 사람들을 만족시키는 것을 목적으로 한다. 그래야 이들 사이에서

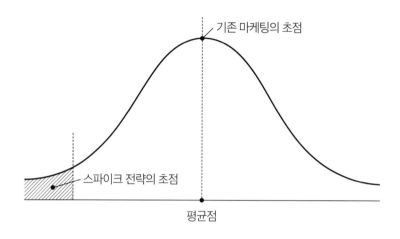

위 그래프는 취향의 분포를 보여준다. 기존 마케팅의 초점은 평균점에 맞춰져 있었다. 반면 스파이크 전략에서는 평균점이 아니라 선망성 집단의 취향에 초점을 맞춘다.

스파이크 반응이 만들어지기 때문이다. 문화적 선망성을 가진 사람들의 취향과 선호는 평균점 주위에 있는 고객의 취향과 선호와 크게 다를 수 있다. 스파이크 전략에서 다수의 고객이 가진 취향과 선호를 의도적으로 반영하지 않는 것은 바로 이런 이유 때문이다.

    스파이크 전략은 고객의 다양한 목소리도 반영하지 않는다. 기존 마케팅에서는 '언맷 니즈ummet needs를 충족하라'는 구호를 신조처럼 여겼다. 이 구호의 핵심은 고객들의 충족되지 않은 욕구를 찾아내 이를 반영한 제품을 출시하라는 것이다. 이를 위해 마케터들은 고객의 목소리(마케팅 이론에서는 '보이스 오브 커스토머Voice of Customer', 줄여서 'VOC'라고 말한다)에 귀 기울이고 고객 조사를 실시하는 등 충족되지 않은 욕구를 찾아내기 위해 노력했다. 하지만 충족되지 않은 욕구는 고객마다 다르기 마련이다. 고객들의 다양한 욕구를 모두 만족시키는 것은 현실적으로 불가능하다. 설령 가능하더라도 최종 결과물은 이도 저도 아닌 제품이 될 수밖에 없다.

애플은 평균점 마케팅의 대척점에 있는 좋은 사례다. 애플의 제품들은 사실 평균점에 있는 고객들이 사용하기에는 불편한 점이 많다. 나 역시 처음 맥북MacBook을 사용했을 때 외워야 할 단축키가 많아서 큰 불편함을 느꼈다. 평균점 마케팅의 관점에서는 바꾸고 개선해야 할 것투성이인 제품이 분명하다. 하지만 애플이 전략적으로 중요하게 생각하는 고객들인 젊고 교육 수준이 높으며 세련된 사람들에게는 이런 것이 그다지 불편하게 느껴지지 않는다. 이들은 단축키 사용법을 빠르게 습득할 수 있고, 사소한 불편함보다는 제품의 심미적 완성도에 더 큰 가치를 두기 때문이다. 평균점 고객을 철저히 무시하지만 자신에게 가장 중요한 고객, 즉 사회에서 문화적 선망성을 가진 사람들을 철저히 만족시키는 것이 애플 제품의 가장 중요한 특성이다.

잡스는 생전에 자신은 고객 조사를 믿지 않는다고 말하곤 했다. 애플 같은 하이테크 제품 회사의 CEO가 고객 조사를 신뢰하지 않는다는 것은 선뜻 잘 이해되지 않는다. 우리나라 가전제품 회사들이 제품을 개발할 때 가장 중요하게 여기는 것이 고객 조사인데, 잡스는 정반대 이야기를 한 것이다. 그래서 이런 발언을 잘못된 것이라고 애써 무시하거나 외면하는 사람들도 있다. 하지만 평균점 마케팅과 애플의 전략적 차이점을 고려하면 이 말이 무슨 의미인지 명확하게 이해할 수 있다. 리서치 회사가 실시하는 설문조사나 FGDFocus Group Discussion에 참여하는 고객들은 대부분 평균점 근처에 위치한 사람들이기 때문에 고객 조사를 통해 나오는 결론도 평균점에 있는 사람들의 니즈와 취향에 대한 것일 수밖에 없다. 애플은 평균점 고객을 만족시키는 것을 목표로 하지 않기 때문에 잡스가 일반적인 고객 조사의 결과물을 신뢰하지 않는다고 말한 것은 어찌 보면 너무나 당연한 것이다.

선망성 스파이크가 브랜드 팬을 만든다

브랜드 팬이 된다는 것은 브랜드를 통해 자신의 정체성을 공개적으로 선언하는 행위에 다름 아니다. 이런 점을 잘 이해하면 럭셔리 브랜드나 특정 서브컬처를 상징하는 브랜드가 아니더라도 누구든지 브랜드 팬을 만들어낼 수 있다. 바로 브랜드를 **문화적 선망성 집단의 일원이라는 표식**으로 만들면 된다. 사람들은 사회 속에서 선망성을 가진 사람들을 닮고 싶어 하고, 이들 집단의 일원이라고 느끼고 싶어 한다. 그렇기 때문에 브랜드가 선망성 집단의 표식이 되면 많은 사람들이 브랜드를 자신의 몸에 자랑스럽게 붙이게 되고, 이를 자신의 정체성으로 인식하며, 공개적으로 브랜드의 팬이라고 말하게 된다. 이것이 바로 럭셔리 브랜드나 특정 서브컬처 집단을 상징하는 브랜드가 아닌 브랜드들이 브랜드 팬을 만드는 가장 확실한 방법이다.

브랜드가 선망성 집단의 표식이 되기 위한 가장 중요한 조건은 바로 문화적 선망성 집단에서 스파이크 반응이 발생하는 것이다. 현대 사회에서 사람들은 브랜드를 사회적 이름표로 사용한다. 문화적 선망성을 가진 사람들에게 채택되고 사랑받는 브랜드라는 인식이 형성되면 그 브랜드는 문화적 선망성 집단을 상징하는 표식이 된다. 그리고 이 집단의 일원이 되고 싶은 사람들은 해당 브랜드를 구입해 자신의 몸에 표식을 붙이게 된다. 이것이 브랜드 팬이 만들어지는 핵심 과정이다. 즉, 선망성 스파이크 반응을 이끌어 브랜드 팬을 만들어내는 것이다.

이 방법은 절대다수를 차지하는 평균점 고객이 아니라 소수의 스파이크 타깃에게 방향성을 맞춘다는 점에서 기존 마케팅과는 완전히 다른 접근법이다. 문화적 선망성을 가진 소수의 사람들을 대상으로 하기 때문에 당장의 매출은 적을 수도 있다. 하지만 일단 스파이크 반응이 발생하면 브랜드가 선망성 집단의 표식이 되면서 브랜드 팬이 빠르게 퍼져 나간다. 이는 많은 팬을 가지고 있는 브랜드에 공통적으로 발생하는 현상이며, 모든 브랜드가 팬을 만들어낼 수 있는 가장 확실한 법칙이다. 이 법칙을 '**스파이크 전략**'이라고 부른다.

브랜드의 고객 가운데 선망성 스파이크를 발생시킬 수 있는 사람은 1%에 불과하다. 이들에게 집중하기 위해 브랜드는 의도적으로 99%의 고객이 가진 취향과 선호를 무시한다. 오직 1%의 고객을 위해 존재하는 브랜드가 되는 것이다. 이렇게 브랜드가 선망성 집단의 표식으로 작동하게 만들면 나머지 99%의 고객도 팬으로 만들수 있다. **1%를 공략해서 99%의 마음을 얻는 것. 이것이 바로 스파이크 전략의 핵심이다.**

SP/KE

1-3

선망성 스파이크 현상의
사례들

의도했건 의도하지 않았건 문화적 선망성을 가진 집단에서 스파이크 반응이 만들어지면 브랜드 사용자에 대한 특별한 이미지가 구축되면서 많은 브랜드 팬이 생겨난다.

선망성 스파이크 현상이란 '**브랜드가 문화적 선망성을 가진 사람들 사이에서 열광적 반응을 불러일으키는 것**'을 의미한다. 브랜드가 문화적 선망성 있는 사람들 사이에서 선택되고 많은 사랑을 받으면, 선망성 있는 사람들이 사용하는 브랜드라는 이미지가 형성된다. 이런 이미지는 브랜드가 문화적 선망성을 가진 집단을 상징하는 표식이 되게 만들고, 이 표식을 원하는 사람들은 브랜드를 자신의 사회적 이름표로 받아들이고 스스로 브랜드의 팬이라고 공개적으로 선언하게 된다. 이것이 선망성 스파이크가 브랜드 팬을 만드는 과정이다.

선망성 스파이크 현상은 많은 브랜드 팬을 가지고 있는 브랜드에서 공통적으로 발견되는 현상이다. 지금부터 다양한 사례들을 통해 선망성 스파이크 현상에 대해 자세히 살펴보고자 한다. 이들 중에는 처음부터 의도적으로 선망성 스파이크를 만들어낸 경우도 있고, 우연히 이런 반응이 만들어진 경우도 있다. 의도했건 의도하지 않았건 문화적 선망성을 가진 집단에서 스파이크 반응이 만들어지면 브랜드 사용자에 대한 특별한 이미지가 구축되면서 많은 브랜드 팬이 생겨난다. 우리에게 필요한 것은 다양한 사례들을 통해 의도적으로 선망성 스파이크 현상을 만들어낼 자신만의 방법을 찾아내는 것이다.

애플

한국 대학생들을 대상으로 직접 조사한 결과, 애플은 브랜드 팬 숫자에서 압도적인 차이로 1위를 차지했으며, 팬 숫자는 현재진행형으로 계속 증가하고 있다. 애플은 대학생들이 자신의 삶이나 취미에 대해 설명할 때 일반명사 대신 사용하는 브랜드이기도 하다(많은 대학생들이 '이어폰으로 음악을 듣는다'고 표현하는 것이 아니라 '에어팟으로 음악을 듣는다'고 표현한다). 이처럼 애플은 브랜드 팬을 만드는 데 있어서 절대 강자의 위치에 있는 브랜드다.

맥북이나 아이폰iPhone 사용자를 생각하면 어떤 이미지가 떠오르는가? 젊고 개성 있으며 스타일 좋은 사람을 떠올릴 것이다. 다양한 조사에서 애플의 사용자 이미지는 교육 수준과 소득 수준이 높고, 외향적이며, 친구가 많고, 디자인과 패션에 관심이 커서 이 분야에 기꺼이 많은 돈을 쓰는 사람들로 나타났다. 사회에서 문화적 선망성을 가진 사람들이 사용하는 브랜드라는 이미지를 가지고 있는 것이다. 이런 이미지가 애플이라는 브랜드를 선망성 집단의 표식으로 작동하게 해주고, 그래서 선망성 집단의 일원이 되고 싶은 사람들을 애플의 팬으로 만들고 있다.

그렇다면 애플 사용자들에게는 언제부터 이런 이미지가 형성되었을까? 시장 조사 회사인 닐슨Nielson이 2002년 발표한 보고서에서 애플 사용자의 특성을 확인할 수 있다. 이 보고서에 따르면, 맥 사용자는 PC 사용자와 비교할 때 교육 수준이 높고, 돈을 더 잘 벌며, 웹 서핑을 많이 하는 사람들이다. 또한 애플은 이미 '스테이터스 심볼status symbol', 즉 높은 사회적 위상의 상징으로 여겨지고 있었다고 보고했다. 그로부터 5년 전인 1997년 애플은 어땠을까? 당시 애플은 미국 컴퓨터 시장에서 4.4%의 점유율을 차지하는 데 불과했고, 매출은 지속적으로 감소세를 보이고 있었다. 한마디로 회사의 존폐를 걱정할 정도로 심각한 상황에 처해 있었다. 따라서 1997~2002년 사이의 기간에 주목할 필요가 있다. 이 시기 애플에 어떤 일이 일어났던 것일까? 바로 스티브 잡스의 귀환과 아이맥의 출시다.

애플의 창업자인 잡스는 사내 권력 다툼에 패해 1985년 9월 애플을 떠났다. 그가 없는 애플이 심각한 경영 위기에 빠지자 애플 이사회는 12년 만에 잡스를 애플의 CEO로 복귀시킨다. 1997년 7월 9일의 일이다. 당시 애플은 다른 경쟁사들처럼 다양한 스펙과 가격대의 수없이 많은 종류의 제품들을 생산하고 있었다. 잡스는 수많은

제품에서 조금씩 이익을 얻는 것보다 완성도 높은 고가의 제품에서
이익을 추구하는 것이 낫다고 판단하고, 제품의 종류를 최소화하는
대신에 디자인이 뛰어난 컴퓨터를 만들기로 한다. 그리고 그가 복귀
할 당시 이미 애플에서 일하고 있던 조너선 아이브Jonathan Ive(수많은
애플 제품을 디자인한 사람이다)와 함께 전에 없던 완전히 새로운 컴퓨터를
제작하는 데 나섰다.

당시 컴퓨터는 말 그대로 컴퓨팅 머신, 즉 정보를 처리해주는 기
계 장치에 불과했다. 사무용이나 산업용 기계 장치로 인식되던 컴퓨
터는 사람들에게 두렵고 무섭게만 느껴질 뿐이었다. 외양조차 네모
반듯한 기계 장치의 모습을 하고 있었다. 잡스와 아이브는 이런 모
습에서 벗어나 계란 같은 유선형 모양으로 만든 반투명한 재질의 아
이맥을 선보였다. 아이맥은 컴퓨터의 전면뿐만 아니라 상하좌우 모
든 부분에서 심미적 완성도를 높인 최초의 컴퓨터였다. 컴퓨터를 기
계 장치에서 장식품의 경지로 끌어올린, 아름다운 디자인의 결정체
라고 할 수 있는 제품이었다.

아이맥이 출시되자 컴퓨터 전문가들과 언론사들은 연일 혹독
한 비판을 쏟아냈다. 비판은 주로 가격, 기술, 사무적 편리성에 대한
것이었다. 아이맥은 당시 PC에 기본적으로 사용되던 플로피 디스
크 장치를 삽입할 수 없었고, 하드 드라이브의 확장이 불가능했으
며, 사용할 수 있는 소프트웨어도 별로 없었다. 그러면서도 가격은

1299달러로 비슷한 사양의 경쟁사 제품보다 훨씬 비쌌다. 컴퓨터가 사무용 기계라는 기존 관점에서 보면 형편없는 제품임에 분명했다. 아이맥은 외양은 예쁘지만 비싸고 실용적이지 못한 제품이라는 평가를 받았다. 당연히 매출 전망도 긍정적이지 않았다. 하지만 시장의 반응은 달랐다. 출시한 지 6주 만에 30만 대에 가까운 판매량을 기록했고, 4개월 만에 80만 대가 팔려 나갔다. 애플 역사상 가장 빠른 판매 속도였다. 구매자의 32%가 처음 PC를 구매하는 사람들이었고, 12%는 기존에 PC를 사용하던 사람들이었다. 즉, 44%의 구매자가 애플을 사용해본 경험이 없었다. 당시 아이맥이 끌어들인 새로운 고객들은 바로 교육 수준과 소득 수준이 높은 사람들, 실용성보다는 심미성을 중시하는 사람들, 업무를 처리하기보다는 웹서핑을 위해 컴퓨터를 구매하려는 사람들, 그리고 애플이 제공하는 뛰어난 성능의 디자인 소프트웨어를 사용하려는 사람들(디자인, 패션, 출판 분야 종사자들)이었다. 미국 사회에서 문화적 선망성을 가진 사람들 사이에서 아이맥에 대한 스파이크 반응이 만들어진 것이다.

아이맥의 성공 이후, 잡스와 아이브는 지속적으로 가격은 비싸지만 심미적으로 뛰어난 제품들을 선보이며 선망성 집단의 브랜드라는 이미지를 만들어 나갔다. 그리고 2006년 TV 광고 캠페인 '맥을 사세요'를 통해 이런 이미지에 쐐기를 박았다. 이 캠페인은 PC 사용자를 상징하는 사람과 맥 사용자를 상징하는 사람이 대화를 주고받는 형식으로 만들어졌다. 대화 내용은 맥이 PC보다 기술적으로 우수하다는 것이었지만, 이보다 중요한 것은 광고가 그려낸 맥 사용자와 PC 사용자의 이미지였다. 광고에서 PC 사용자는 품이 큰 양복을 입은 별다른 매력이라곤 없는 중년 남성이고, 맥 사용자는 세련된 캐주얼 차림의 젊은이였다. 당시 미국에서는 맥과 PC 사용자에 대해 이런 이미지가 형성되어 있었는데, 미국 전역과 많은 국가(영국, 독일, 호주, 일본 등)에서 방영한 TV 캠페인을 통해 이런 이미지에 쐐기를 박은 것이다.

이것이 애플이라는 브랜드가 문화적 선망성을 가진 사람들이 사용하는 브랜드로 손꼽히게 된 배경이다. 이후에도 애플은 높은 가격과 심미적 완성도가 높은 제품들을 통해 이런 이미지를 유지하고 있다. 그리고 그 결과, 현재 전 세계 젊은 세대에게 애플 제품을 사용하는 것은 문화적 선망성 집단의 표식으로 받아들여져 많은 사람들이 애플의 팬임을 공개적으로 선언하고 있는 것이다.

나이키

한국 대학생들 사이에서 애플 다음으로 많은 팬을 보유한 브랜드는 나이키다. 아디다스adidas 팬도 적지 않지만 한국 대학생들 사이에선 나이키 팬이 아디다스 팬보다 4배 이상 많을 정도로, 나이키는 한국에서 많은 팬을 보유하고 있다. 나이키 팬은 크게 두 가지 유형으로 구분된다. 하나는 나이키 러닝화의 팬이고, 다른 하나는 조던Jordan 이나 덩크Dunk 같은 패션 운동화의 팬이다. 나이키의 스파이크 반응을 이야기하기 위해서는 이 두 가지 유형을 구분해서 설명할 필요가 있다.

나이키 운동화는 많은 사람들에게 패션 아이템으로 여겨지고 있지만, 나이키 브랜드 아이덴티티의 핵심은 여전히 러닝화에 있다 **(아디다스의 경우, 나이키처럼 육상용 운동화에서 시작했지만 브랜드 아이덴티티의 핵심에는 축구화가 자리 잡고 있다)**. 매출 규모에 있어서도 러닝화는 조던 다음으로 큰 비중을 차지한다. 나이키는 회사 창립부터 러닝화와 관련되

어 있다. 1964년 오리건대학 육상 코치인 빌 바우어만Bill Bowerman
과 육상 선수 필 나이트Phil Knight가 만든 육상 선수용 러닝화가 나이
키의 시작이다. 지금까지도 나이키는 가장 혁신적이고 성능이 우수
한 러닝화를 지속적으로 선보이고 있으며, 많은 마케팅 활동을 러닝
화에 집중함으로써 러닝 애호가들의 큰 사랑을 받고 있다.

그런데 여기서 중요한 것은 러닝 애호가들이 어떤 유형의 사람
들인가 하는 문제다. 미국에서 진행된 조사에 따르면, 러닝 애호가
들은 대개 교육 수준과 소득 수준이 높은 사람들이다. 인종적으로는
백인이 대다수며, 러닝이라는 운동의 특성상 마른 몸매를 가진 사람
이 많다. 한마디로 러닝은 소득 수준이 높은 엘리트 백인의 운동이
라고 할 수 있다. 이러한 프로파일적 특성은 러닝 애호가들이 미국
사회에서 문화적 선망성을 가진 집단에 해당된다는 것을 보여준다.
최근 한국에서도 러닝은 젊고 교육 수준이 높으며 매력적인 외모를
가진 사람들의 운동으로 자리 잡아가고 있다. 그리고 가장 중요한
사실은 이처럼 문화적 선망성을 가진 집단에게 가장 사랑받는 브랜
드가 나이키라는 점이다. 그래서 나이키 브랜드는 러닝을 즐기는 멋
진 사람들의 일원이라는 표식으로 작동하고 있다.

한편, 나이키 브랜드는 옷 잘 입고 세련된 사람들의 표식으로
도 사용되고 있다. 최근 한국에서도 큰 인기를 얻고 있는 덩크 운동
화를 예로 들어보자. 나이키의 덩크가 지금처럼 대중적으로 큰 인기

를 얻기 시작한 것은 2020년 즈음의 일이다. 그런데 덩크의 역사는 1985년으로 거슬러 올라간다. 당시 농구화로 출시된 덩크는 반짝 큰 인기를 얻었지만 에어 조던Air Jordan 같은 다른 농구화들에 밀리며 금세 인기 없는 신발이 되어버렸다. 덩크가 다시 사람들의 관심을 받기 시작한 것은 이로부터 10년 이상 지난 뒤였다.

　1990년대 후반에 들어서며 많은 스케이트보더들이 스케이트보드용 신발로 싸고 튼튼한 덩크를 찾기 시작했다. 다른 운동화로 스케이트보드 시장에 진출하려다 실패한 경험이 있었던 나이키는 덩크 시리즈를 가지고 다시 스케이트보드 시장에 진출하려고 시도한다. 이때가 2002년이다. 스케이트보드 시장에 재진입하면서 나이키는 스케이트보더들에게 인기 있는 브랜드들과 콜라보레이션 작업을 거친 덩크 제품을 내놓기 시작한다. 이 제품들이 스케이트보더들 사이에서 큰 인기를 얻었지만 아직 대중적인 인기와는 거리가 멀었다. 2010년대 중후반에 들어서면서 덩크는 다시 인기 없는 운동화가 되어버린다.

　이처럼 덩크는 1985년 출시된 이후 많은 부침을 겪은 운동화다. 지금 같은 인기가 만들어지기 시작한 것은 스트리트 패션의 황제로 여겨지는 트레비스 스콧Travis Scott, 버질 아블로Virgil Abloh와 콜라보레이션한 제품이 나오면서부터다. 아블로는 2019년 12월, 스콧은 2020년 2월 첫 덩크 제품을 선보였다. 이들이 디자인한 덩크는 뮤지션, 아티스트, 운동선수, 패션업계 종사자들 사이에서 폭발적인 반응을 일으켰다. 이 같은 인기가 계속되며 2020년부터 미국에서 스타일이 좋은 유명인이나 일반인들이 덩크를 신은 사진을 인스타그램에 올리기 시작했고, 한국에서도 지드래곤을 비롯해 스타일이 좋은 사람들이 자신의 SNS에 덩크 제품을 착용한 사진을 올렸다. 문화적 선망성을 가진 사람들 사이에서 동시다발적으로 갑자기 강렬한 스파이크 반응이 발생한 것이다. 그 뒤에 어떤 일이 발생했는지는 굳이 설명할 필요가 없을 것이다.

테슬라

2012년 테슬라 모델S가 출시되었을 때 초기 구매자들은 나이는 젊지만 돈이 많은 영앤리치, 특히 테크 산업에서 젊은 나이에 큰 성공을 거둔 사람들이었다. 이들은 기존 부자들과 전혀 다른 유형의 사람들이었다. 교육 수준이 높으며, 패션이나 인테리어에 관심이 많고, 젊기 때문에 매력적인 외모를 가지고 있을 확률이 높은 데다 자신의 능력과 성공을 드러내는 것을 즐겼다. 이런 사람들은 미국 사회에서 가장 선망성이 높은 유형이다. 테슬라 모델S는 처음에 이러한 선망성 집단에서 스파이크 반응이 발생했고, 그 후 다른 집단으로 빠르게 팬층이 확산되어 나갔다. 한국에 테슬라가 처음 소개됐을 때 가장 먼저 반응을 보인 것은 테크 기업, 스타트업, 게임 회사, 금융 회사 종사자들이었다.

그런데 테슬라의 모델S에 대한 스파이크 반응은 우연히 만들어진 게 아니라 철저히 계획된 것이라는 점이 중요하다. 당시 미국

USC 경영대학 교수로 재직 중이었던 나는 아직 스타트업으로 여겨
지던 신생 회사인 테슬라에 대해 많은 정보들을 접할 수 있었다. 그
중 하나가 테슬라 모델 S의 타깃 전략이다. 당시 테슬라의 마케팅 자
료에는 모델S의 타깃이 "사업가나 기업 임원들 중에서 얼리어답터"
라고 명확하게 정의되어 있었다. 얼리어답터는 새로운 테크 제품을
재빨리 도입하는 사람들을 말한다. 즉, 테슬라는 처음부터 테크 산
업에 종사하는 영앤리치를 타깃으로 삼았다. 그리고 이들의 계획대
로 이런 사람들 사이에서 스파이크 반응이 만들어진 것이다.

테슬라의 이런 전략은 마케팅 역사에서 가장 획기적인 전략 가
운데 하나라고 평가받을 만하다. 당시 미국에선 이미 다양한 종류의
전기차가 판매되고 있었다. 토요타Toyota, 닛산Nissan, 혼다Honda, 포
드Ford 등 대형 자동차 회사들이 다양한 종류의 전기차를 판매하고
있었고, 테슬라 같은 스타트업이 만든 코다 세단Coda Sedan도 시장에
선을 보인 상태였다. 하지만 이 차들은 사람들의 관심을 끌지 못했
다. 대부분의 사람들은 전기차를 구매하기엔 시기적으로 이르다고
생각했다. 그런데 테슬라 모델 S가 출시되면서 선망성 집단에서 전기
차에 대한 폭발적인 반응이 나타난 것이다. 이 같은 반응은 테슬라
브랜드를 선망성 집단의 표식이 되게 해주었을 뿐만 아니라 당시 전
기차 구매자들이 가지고 있던 전기차에 대한 두려움과 걱정까지 한
번에 날려버리는 효과를 가져왔다. 테슬라의 전략이 전기차 시장의

전체적인 성장을 급속도로 이끈 것이다. 만약 테슬라의 스파이크 전략이 없었다면 전 세계적으로 전기차 시장이 지금 같은 성장세를 보이기까지 몇 년은 더 지체되었을 것이다. 이것이 많은 사람들이 일론 머스크Elon Musk의 경영 능력을 높게 평가하는 중요한 이유다.

룰루레몬

룰루레몬은 최근 30~40대 사이에서 팬층이 빠르게 증가하고 있는
브랜드 가운데 하나다. 마케터들과 워크숍을 진행할 때면 룰루레몬
의 팬이라고 당당히 선언하는 사람을 종종 만나게 된다. 미국에서
는 이미 2015년 즈음 이런 현상이 나타나기 시작했다. 당시 미국 코
카콜라Coca-Cola 마케팅 책임자CMO 출신 경영자가 내가 재직하던
USC에 방문한 적이 있는데, 그 사람도 자신이 룰루레몬의 팬이라
고 여러 차례 말하곤 했다. 그런데 흥미로운 사실은 이들이 모두 남
성이라는 점이다. 잘 알려져 있듯 룰루레몬은 레깅스 스타일 요가복
을 만드는 브랜드로, 주 소비층은 여성이다. 이런 룰루레몬이 수많
은 남성 열성 팬을 만들어내고 있는 것이다. <월스트리트 저널Wall
Street Journal>에서 2021년 룰루레몬을 종교처럼 신봉하는 남성들의
인터뷰 기사를 내보냈을 정도다. 대표적인 여성 요가복 브랜드인 룰
루레몬은 어떻게 남성 팬을 만들어내고 있는 것일까?

룰루레몬은 2000년 첫 매장을 열었다. 평소 요가를 즐겨하던 창업자 칩 윌슨Chip Wilson은 사람들이 헐렁한 면 소재 옷을 입고 요가를 하는 것에 불만을 느끼고 몸에 딱 맞는 요가복을 선보였다. 북미 지역에서 요가는 교육 수준과 소득 수준이 높은 사람들의 대표적인 여가 문화 가운데 하나다. 기능성 소재로 만들어진 룰루레몬의 요가복은 몸에 밀착되는 레깅스 형태로, 고가 상품이었다. 매장도 소득 수준이 높은 지역에만 만들었다. 게다가 빅사이즈 옷은 아예 만들지 않았다(이에 대해 윌슨은 빅사이즈는 원가가 비싸서 만들지 않는다고 말한 적이 있다).

새로운 요가복에 반응한 사람들은 누구였을까? 당연히 젊고 몸매가 좋으며 소득 수준이 높은 사람들이었다. 북미 사회에서 문화적 선망성을 가진 사람들이었던 것이다. 룰루레몬은 출시되자마자 선망성 집단에서 강한 스파이크 반응이 만들어졌다. 할리우드 스타들이 일상복으로 룰루레몬을 착용하는 모습이 자주 목격됐다. 캘리포니아 지역의 젊고 부유한 여성들 역시 평소에 룰루레몬을 입고 다니기 시작했다. 룰루레몬은 곧 여성들 사이에서 선망성 집단의 표식으로 자리 잡으며 전 세계적으로 많은 팬을 만들어냈다.

2010년대에 들어서면서 룰루레몬은 남성 고객으로 타깃을 넓히려는 계획을 세웠다. 하지만 레깅스에 거부감을 느끼는 남성들에게 레깅스를 입힐 수는 없는 일이었다. 그래서 선보인 것이 2014년 출시된 ABC 팬츠다. ABC 팬츠는 사무실이나 레저 활동 모든 경우에 착용할 수 있는 편안한 기능성 바지다. 룰루레몬은 타깃 고객(교육 수준과 소득 수준이 높은 남성)이 너무 눈에 띄는 스타일의 바지보다는 단정한 스타일을 선호한다는 것을 파악하고, 이들을 위해 단정하고 미니멀하지만 기능성이 뛰어난 바지를 내놓았다. 색상도 눈에 띄지 않는 무채색으로만 구성했다.

이 바지는 룰루레몬에 열광하는 여성 고객들의 남성 파트너들(연인이나 배우자, 친구) 사이에서 폭발적인 반응을 만들어냈다. 교육 수준과 소득 수준이 높은 젊은 남성들 사이에서 스파이크 반응이 일어난 것이다. 그리고 현재 많은 직장 남성들 사이에서 룰루레몬은 선망성 집단의 표식으로 여겨지며 남성 팬층을 늘려 나가고 있다. 2021년 기준으로 룰루레몬 매출에서 남성복이 차지하는 비중은 25%에 달하며, 성장률은 무려 61%에 이른다(2018년 대비 2배에 해당하는 수치다).

룰루레몬의 성공 뒤에도 선망성 스파이크 현상이 존재한다. 그것도 지난 20년 동안 두 번이나 스파이크를 만들어냈다. 출시 초기에는 여성 고객층에서 스파이크가 만들어졌고, 15년 후에는 남성 고객들 사이에서 다시 한 번 스파이크가 발생했다. 그리고 지금, 룰루레몬은 남성과 여성 모두에게서 선망성 집단의 표식으로 여겨지고 있다. 이런 점을 고려하면 코로나19 팬데믹으로 많은 의류 브랜드의 매출이 하락하는 가운데 룰루레몬의 매출이 계속 증가세를 보

인 것은 전혀 놀라운 일이 아니다. 강한 팬을 가지고 있는 브랜드는
코로나19 팬데믹 같은 위기 상황에서도 계속 성장해 나갈 수 있는
것이다.

ZARA
자라

자라는 한국에서 옷 잘 입는 사람들이 좋아하는 브랜드로 통한다. 자라 매장에 가면 옷 잘 입는 사람들, 소위 패션 피플들이 많다는 이야기를 쉽게 듣는다. 내가 대학생들을 대상으로 직접 수행한 조사에서도 자라는 팬이 많은 브랜드 상위 10위 안에 들어가는 인기 브랜드였다. 그런데 재미있게도 온라인에서 자라에 대한 반응을 살펴보면 평이 극단적으로 나뉜다. 한쪽에는 자라의 열광적인 팬층이 있고, 다른 한쪽에는 자라에 무척 부정적인 태도를 가진 사람들이 있다. 자라에 대해 부정적인 사람들 사이에선 자라에는 입을 만한 옷이 없다든가 한국인의 체형에 맞지 않는다는 불만이 많이 나오곤 한다. 이 같은 부정적인 반응에 특히 주목해볼 필요가 있다.

자라는 스페인 패스트패션(트렌드를 빠르게 쫓아가는 저렴한 패션) 브랜드다. 스웨덴의 H&M, 일본의 유니클로와 함께 패스트패션 산업의 3대 브랜드로 꼽히는데, 브랜드 가치 측면에서 1위로 평가받는 것은 이들 중 자라다. 자라가 지난 20년간 큰 성공을 거두는 동안 그 성공 비결에 대한 수많은 분석 리포트가 쏟아져 나왔는데, 대부분 자라의 성공 요인으로 빅데이터를 이용해서 소비자의 니즈를 빠르게 파악한 점을 꼽았다.

자라는 매장의 POS 단말기, 온라인 데이터, 옷에 부착된 RFID 칩, 그리고 매장 직원이 자신의 PDA에 매일 입력하는 고객 선호도 자료 등을 취합해서 해당 지역 소비자들의 선호와 취향을 빠르게 분석하고, 이를 반영한 신제품을 빠르게 출시한다. 그런데 이런 분석은 언뜻 정확할 것으로 생각되지만, 한편으로는 강한 의문을 불러일으킨다. 자라가 빅데이터에 기반해서 해당 지역의 고객 니즈를 빠르게 파악하고 있다면, 왜 한국에서는 자라의 상품이 한국인의 체형에 맞지 않는다거나 입을 만한 옷이 없다는 반응이 많은 것일까? 실제로 자라 매장에 가면 한국인이 입기에는 소매나 바지 기장이 너무 긴 옷들이나 일상적으로 입기 어려운 디자인의 옷들이 많다. 자라가 고객의 니즈를 빠르게 파악하고 이를 반영한 옷을 출시하고 있다면 적어도 한국 매장에서는 이런 옷을 내놓지 말아야 하는 것 아닐까? 자라의 성공에 대한 분석 리포트를 작성한 사람들은 실제로 자라 매장에 가서 옷을 사본 적이 있기는 한 것일까?

자라가 빅데이터에 기반해서 트렌드에 맞는 옷을 빠르게 출시하는 것은 맞다. 하지만 단순히 '빅데이터에 기반해서 고객의 니즈를 빠르게 파악한다'고 말하는 것은 틀리다. 자라에 있어서 모든 고객이 중요한 고객은 아니기 때문이다. 자라는 '어포더블 하이 패션affordable high fashion'을 지향하는 브랜드다. 하이 패션은 오트쿠튀르haute couture, 즉 맞춰 입는 고급 의상을 말한다. 즉, 자라의 지향점은 최신 트렌드의 오트쿠튀르 패션을 저렴하게 제공하는 브랜드다.

이런 옷을 원하는 사람들은 패션에 관심이 많고, 스타일이 좋으며, 키가 크고 몸매도 좋은 편이다. 자라는 한국에서도 하이 패션에 관심 있는 사람들을 중요 고객으로 여기고, 그들의 데이터를 빠르게 취합해서 이에 맞는 제품을 선보이고 있다. 그러다 보니 일반 사람들이 일상적으로 입기 어렵거나 기장이 너무 길어서 입을 수 없는 옷이 많을 수밖에 없다. 또한 젊은 시절에는 자라를 좋아하다가도 나이가 들면 자라에 더 이상 입을 만한 옷이 없다고 느끼게 된다. 반면 자라의 타깃인 하이 패션을 원하는 젊은 고객들에게 자라는 대체 불가능한 브랜드가 되고, 자라 매장은 이런 사람들로 가득 차게 된다. 그 결과, 자라 매장에 가면 스타일 좋고 키가 큰 사람들이 많다는 이야기가 나오게 된다.

더욱 중요한 것은 어포더블 하이 패션을 선호하는 사람들이 사회에서 선망성 집단에 속한다는 점이다. 이들은 스타일이 좋고 옷을 잘 입는다. 또한 자라의 패션 스타일은 하이 패션이지만 가격표는 패스트패션에 해당하기 때문에 경제적으로 평범한 수준의 젊은 사람들도 자라를 쉽게 이용할 수 있다. 주변에서 쉽게 볼 수 있는 스타일 좋은 사람들이 몰려들게 되는 것이다. 이런 현상은 자라 브랜드가 젊은이들 사이에서 선망성 집단의 표식이 되게 만든다. 그래서 많은 젊은이들이 자라의 팬임을 자처하게 된다.

자라의 구매자들 중에는 기장이 맞지 않아서 의류 수선점에서 기장을 수선해서 입는 경우도 많다고 한다. 그 정도로 자라의 옷들은 한국인의 체형에 맞지 않다. 하지만 자라는 판매하는 옷의 기장을 한국 사람의 체형에 맞춰서 바꾸지 않는다. 그렇게 하는 순간, 자라는 하이 패션을 원하는 특별한 사람을 위한 브랜드에서 모두를 위한 브랜드로 바뀌기 때문이다. 모든 고객의 니즈를 반영하면 그 순간 더 이상 자라가 아니다. 또 하나의 유니클로가 될 뿐이다. 그리고 자라에 열광하는 팬들은 모두 자라를 떠나게 될 것이다.

patagonia
파타고니아

파타고니아Patagonia는 아웃도어 의류와 장비를 생산하는 브랜드로, 환경에 진심인 기업으로 잘 알려져 있다. 최근 파타고니아에 대한 책이 출간되고 경영 사례로 자주 다뤄지면서 한국에서도 팬층이 점차 확대되고 있다. 그런데 파타고니아에 대한 반응을 살펴보면 이 브랜드가 왜 인기 있는지 잘 모르겠다는 반응이 많다. 디자인이나 품질이 평범한데 가격만 비싸다고 느껴지기 때문이다. 이보다는 다양한 디자인의 제품을 출시하고 마케팅 활동에 적극적인 노스페이스The North Face 브랜드를 선호하는 사람들이 더 많다. 한국에서 파타고니아에 대해 이런 반응이 나오는 것은 당연한 일이다. 한국에서는 파타고니아가 선망성 스파이크를 만들어내지 못하고 있기 때문이다.

사실 파타고니아는 미국 실리콘밸리와 샌프란시스코 지역에서 강한 선망성 스파이크를 만들어낸 브랜드다. 실리콘밸리와 샌프란시스코는 미국에서 스타트업 창업가들이 모이는 곳이다. 이들은 젊고 유능하며 진취적인 사람들로, 미국 사회에서 문화적 선망성을 가진 사람들이다. 기존 회사들과 다르게 스타트업에서 일하는 사람들은 청바지나 티셔츠 같은 캐주얼한 옷차림으로 출근한다. 이들이 출근복과 일상복으로 선택한 것이 바로 파타고니아의 플리스 조끼와 재킷이다.

실리콘밸리의 테크 기업에서 일하는 사람들의 이야기를 다룬 HBO의 TV 드라마 <실리콘밸리Silicon Valley>의 주인공도 늘 파타고니아의 플리스 조끼를 입고 등장한다. 2014년 이 드라마의 제작진이 실리콘밸리의 문화를 이해하기 위해 몇 달간 구글Google, 메타 플랫폼Meta Platforms(옛 페이스북), 애플 등 실리콘밸리의 테크 기업들을 방문해서 사람들을 관찰했는데, 너무나 많은 사람들이 파타고니아 옷을 입고 있어서 깜짝 놀랐다고 말할 정도로 실리콘밸리 사람들은 파타고니아를 사랑한다. 크게 성공한 테크 기업의 CEO가 중요한 행사에 파타고니아 플리스를 입고 참석한 모습도 쉽게 볼 수 있다.

실리콘밸리에서 일어난 스파이크 반응이 뉴욕으로 확대되면서 월스트리트 금융가의 많은 회사들이 파타고니아에 회사 단체복을 주문하는 현상까지 나타났다. 파타고니아라는 브랜드가 미국 사회에서 능력있고 부유하며 생각까지 바른 사람의 표식이 된 것이다(이후 환경보호와 관련 없는 금융 회사들이 연달아 파타고니아에 단체복을 주문하자 파타고니아는 자신들의 철학과 맞지 않는 회사에선 단체복 주문을 받지 않겠다고 결정했다).

2010년대 초중반 미국에서 교수로 있었던 덕분에 파타고니아의 선망성 스파이크를 내 눈으로 직접 목격할 수 있었다. 내 주변에서도 젊고 유능해 보이는 사람들이 모두 파타고니아를 입기 시작했다. 나는 본능적으로 파타고니아 브랜드가 젊고 유능한 사람들의 표식이라는 것을 느꼈고, 이런 집단의 일원이 되고 싶어서 나 역시 파타고니아 옷을 입기 시작했다.

그런데 이러한 선망성 스파이크는 미국에서 발생한 일이다. 당시 미국에 있었거나 미국에서 발생한 선망성 스파이크에 대해 알고 있는 사람에게는 파타고니아라는 브랜드가 선망성 집단의 표식으로 인식됐지만, 한국에서는 이런 선망성 스파이크가 발생하지 않았다. 한국에는 ESG 열풍이 불면서 환경보호를 위해 노력하는 대표적인 기업으로 소개됐다. 그 결과, 환경 문제에 관심을 가진 일부 사람들이나 ESG에 관심이 많은 나이 든 대학 교수들(나 역시 여기에 해당한다)만 파타고니아의 팬이 되었을 뿐이다.

이것이 파타고니아가 한국에서 많은 팬을 만들어내지 못한 이유다. 언론과 책을 통해 파타고니아에 대해 알게 된 후 파타고니아 플리스 제품에 관심을 갖게 되지만, 막상 제품을 구입해보면 파타고니아가 가진 가치를 느낄 수 없다. 오히려 디자인과 가격 면에서 더 나은 선택지를 제공하는 노스페이스나 한국의 아웃도어 브랜드가 매력적으로 느껴진다. 한국에서는 아직 파타고니아가 선망성 집단의 표식이 되지 못했기 때문에 당연한 반응이라고 할 수 있다. 파타고니아가 한국에서도 선망성 집단에게 사랑받게 된다면 그 시점부터 파타고니아의 팬은 폭발적으로 증가할 것이다.

MUSINSA
무신사

2016년 논문 지도를 한 대학원생 중 옷을 아주 잘 입는 남학생이 있었다. 소위 '패션 피플'이라고 부를 만한 학생이었다. 그 학생은 무신사의 열성적인 팬이었다. 그 학생이 내게 했던 말이 아직도 생생하게 기억에 남아 있다. "요즘 옷 잘 입는 사람들은 무신사 가요." 무신사는 이미 2016년에 패션 피플이 가는 곳이라는 이미지를 만들어 냈던 것이다.

잘 알려진 것처럼 무신사는 2003년 패션 정보를 교환하는 인터넷 커뮤니티로 시작해서 2009년 이커머스로 전환한 패션 플랫폼이다. 인터넷 커뮤니티로 시작했기 때문에 무신사의 성공 비결을 커뮤니티라고 생각하는 사람들이 많다. 하지만 2010년대 중반에 나온 기사나 글들을 찾아보면 이커머스로 전환한 이후, 커뮤니티(즉, 회원들이 서로 상호작용하면서 정보를 공유하는 공간)로서의 모습은 점차 사라졌다는 내용을 확인할 수 있다. 게다가 당시 커뮤니티 기반으로 시작한 이커머스 업체들은 무신사 외에도 여럿 있었다. 사실 무신사를 지금의 무신사로 만든 것은 커뮤니티라기보다는 무신사 스태프가 주도하는 '스트리트 스냅Street Snap' 서비스다.

이커머스로 전환한 이후, 회원 수와 매출 증가에 어려움을 겪던 무신사는 전국 각지를 돌아다니며 옷 잘 입는 사람들, 즉 패션 피플을 찾아내고 이들의 사진을 자사 사이트에 올리기 시작했다. 처음에는 창업자가 직접 길거리를 다니며 사진을 찍었고, 이후에는 전문 패션 크리에이터들이 홍대나 성수동 등을 돌아다니며 패션 피플의 모습을 담아냈다. 스냅 덕분에 패션에 관심 있는 사람들이 무신사에 몰려들기 시작했고, 그러면서 옷 잘 입는 사람들을 위한 곳이라는 명성이 생겨난 것이다. 스파이크 전략의 관점에서 설명하자면, 패션 피플들 사이에서 스파이크 반응이 발생한 것이다.

패션 피플은 한국의 10~20대 사이에서 문화적 선망성을 가진 사람들이다. 스타일 좋고 매력적인 외모를 가진 사람들로, 주변 사람들의 취향에 큰 영향을 미친다. '이런 사람들이 즐겨 찾는 곳'이라는 소문은 무신사에서 옷을 사는 것을 패션 피플의 표식이 되게 해주었고, 이런 표식을 원하는 사람들 사이에서 급속도로 많은 팬이 만들어졌다.

무신사가 사업을 시작했을 때 커뮤니티의 힘이 도움이 되었다는 것을 부인하려는 것은 아니다. 하지만 이미 2010년대 중반부터 무신사는 커뮤니티의 모습을 잃어가기 시작했고, 패션 피플이 아닌 사람들 사이에서는 팬층이 형성되지도 않았다. 무신사가 현재처럼 많은 사람들 사이에서 강한 팬층을 보유하게 된 것은 스트리트 스냅 서비스가 시작되어 '옷 잘 입는 사람이 가는 곳'이라는 명성이 생긴 후다. 즉, 선망성 집단에서 스파이크 반응이 발생하고 그 후 일반 사람들 사이에서 강한 팬층이 형성된 것이다. 이런 점에서 무신사의 성공은 커뮤니티보다 선망성 스파이크 현상의 결과라고 볼 수 있다.

MARKET Kurly
마켓컬리

마켓컬리는 새벽배송으로 유명한 온라인 식품 유통업체다. 마켓컬리의 성공에 대해 많은 사람들이 새벽배송을 이야기한다. 실제로 마켓컬리가 성공한 이후 기존 유통업체들과 신규 사업자들은 앞다퉈 비슷한 배송 서비스를 도입했다. 식품 사업자의 가장 중요한 경쟁력이 빠른 배송이라고 판단한 것이다. 하지만 마켓컬리와 유사한 서비스를 도입한 경쟁 업체들이 마켓컬리 같은 성공을 거두지 못한 것을 볼 때 새벽배송만으로 마켓컬리의 성공을 설명하기에는 한계가 있다. 새벽배송보다 더 중요한 것은 마켓컬리가 사업을 시작한 지 1년이 지난 2016년 마켓컬리에 대한 시장의 반응이다.

내가 미국 대학을 그만두고 한국에 온 것은 2015년으로, 2016년 즈음에는 여러 기업의 마케터들을 대상으로 강의를 하고 있었다. 한국에 돌아온 지 얼마 되지 않은 시점이어서 나는 마켓컬리에 대해 잘 몰랐다. 하지만 거의 모든 강의에서 마켓컬리의 열성 팬임을 자처하는 사람을 꼭 만나게 됐다. 이들은 모두 30대 여성이었다.

실제로 2016년 당시 마켓컬리 창업자의 인터뷰 기사를 찾아보면 마켓컬리의 초기 고객은 대부분 강남구, 서초구, 송파구에 거주하는 30~40대 여성 직장인이라고 언급되어 있다. 이때는 가입자 수가 15만 명 수준이었다. 1년 후인 2017년 가입자 수는 28만 명으로 증가했는데, 가입자의 거주 지역 분포를 보면 여전히 1위 강남구, 2위 서초구였다. 서울 강남에 거주하는 젊은 여성 직장인들이 애용하는 식품점으로 자리 매김한 것이다. 이 시점부터 다양한 지역, 연령대에서 마켓컬리의 팬층이 급격히 늘어났다. 그리고 2021년 연말 기준으로 가입자 수 1000만 명을 넘어섰다.

송파구

강남구

서초구

강남에 거주하는 젊은 직장 여성은 한국에서 문화적 선망성이 강한 집단이다. 이들의 취향과 라이프스타일이 다른 지역과 다른 연령대로 확산되고는 한다. 물론 최근에는 초기의 선망성 스파이크가 유지되지 못하면서 많은 팬들이 떠나는 모습을 보이고 있지만, 마켓컬리의 초기 모습만큼은 선망성 스파이크가 작동하는 모습을 명확하게 보여준 사례라고 할 수 있다.

수없이 많은 사례들

앞에 언급한 브랜드 외에도 선망성 스파이크에 대한 수없이 많은 사례들이 존재한다. 럭셔리 브랜드 구찌의 경우, 2010년 초반까지만 해도 오래되고 지루한 브랜드로 인식됐다. 하지만 알레산드로 미켈레Alessandro Michele가 크리에이티브 디렉터를 맡은 2015년 이후 젊고 세련된 사람들 사이에서 강한 스파이크 반응이 발생하면서 2015~2021년 매출은 2.5배, 영업이익은 3배 이상 증가했다. 선망성 스파이크가 낮은 브랜드를 어느 날 갑자기 가장 힙한 브랜드로 바꿔놓은 것이다.

트럭 방수천을 재활용해서 가방을 만드는 프라이탁Freitag도 초기에 디자이너, 예술가, 패션 피플들 사이에서 스파이크 반응이 발생하면서 친환경 브랜드 가운데 거의 유일하게 팬 브랜드로 성장했다. 오프라인 유료 독서클럽 트레바리는 초기에 독서클럽 참여자들의 '물'이 좋다는 소문이 돌면서 '듀오바리'(트레바리와 결혼 정보회사 듀오의 합성어)라는 별명까지 생겼다. 지금은 카페에서 장식용으로 꽂아놓은 것을 흔히 볼 수 있는 잡지 <킨포크Kinfolk>도 초기에 젊고 세련된 취향을 가진 사람들의 SNS에 등장하면서 대중적으로 유행하게 되었다.

이처럼 많은 팬을 보유한 브랜드는 모두 팬이 확산되는 초기에 선망성 집단에서 강한 스파이크 반응이 발생한다는 공통점이 있다. 반면 팬이 없는 브랜드에는 이런 선망성 스파이크 현상이 나타나지 않는다. 팬이 없는 브랜드에도 간혹 스파이크 현상이 발생하는 경우가 있는데, 이런 경우에는 스파이크 반응이 선망성 없는 사람들 사이에서 생겨난다. 가령, 어떤 브랜드와 관련해 나 같은 중장년층에서 강한 스파이크 반응이 발생하는 것이다. 이런 경우에는 일부 중장년층 사이에서 팬이 생겨날 수 있지만 오히려 브랜드가 '좋지 않은 사회적 표식'으로 작동하면서 다양한 신규 고객 유입을 방해하게 된다.

선망성 스파이크 현상은 우연히 발생하는 결과가 아니다. 앞서 소개한 사례들 중 상당수는 의도적으로 계획해서 선망성 스파이크 현상을 발생시켰다. 지금도 국내외 많은 브랜드가 의도적으로 선망성 스파이크를 발생시키고 있다. 단지 이 비법을 공개적으로 말하고 있지 않을 뿐이다. 스파이크 전략을 제대로 이해하고 활용하면 그 어떤 브랜드라도 단기간에 브랜드 팬을 만들어낼 수 있다. 단지 필요한 것은 누구에게 스파이크 반응을 발생시키고, 어떻게 발생시킬지 결정하는 것뿐이다.

SPIKE

1-4

선망성을 가진
사람들

중요한 것은 사람들이 자신의 삶에서, 그리고 SNS에서 보게 되는 '실제' 삶이다. 실제 삶 속에서 선망성을 가진 사람들이 선택하고 사랑하는 브랜드가 되어야 한다.

문화적 선망성을 가진 사람이란?

스파이크 전략의 핵심은 문화적 선망성을 가진 사람들 사이에서 열광적인 반응을 만들어내는 것이다. 그렇다면 문화적 선망성을 가진 사람이란 어떤 사람일까? 선망성이란 닮고 싶은 마음, 가지고 싶은 마음을 말한다. 따라서 **문화적 선망성을 가진 사람은 많은 사람들이 그 사람처럼 되고 싶어 하는 마음, 그 사람처럼 살고 싶어 하는 마음을 불러일으키는 사람**을 말한다. 선망성을 결정하는 요인은 사회적 위상, 재산, 외모 등 다양하다. 그중에서도 취향과 라이프스타일 측면에서 닮고 싶은 마음을 문화적 선망성이라고 정의한다. 사람의 취향과 라이프스타일은 문화적 선망성이 높은 사람에게서 낮은 사람에게로 빠르게 확산되는 경향이 있다. 따라서 취향이나 라이프스타일이 전파되는 방향성을 보면 문화적 선망성을 가진 사람의 존재를 쉽게 확인할 수 있다.

당신 주변의 사람들을 생각해보라. 당신 주위의 어떤 사람이 새 옷을 구입했는데, 그 옷을 보는 순간 그 옷이나 브랜드에 관심이 생기고, 찾아보게 되고, 구매하고 싶다는 욕구가 생긴 경험이 있을 것이다. 또 지인의 집에 놀러 갔는데, 탁자 위에 놓여 있는 인테리어 소품이 눈에 들어와서 집에 돌아온 후 그 소품에 대해 찾아본 경험이 있을 수도 있다. 당신의 취향과 라이프스타일에 영향을 미치는 사람

은 당신에게 선망성을 가진 사람이다. 반대로 당신의 취향과 라이프
스타일이 주변 사람에게 영향을 미친다면 당신이 그들에게 선망성
을 가진 존재다. 당신 주위의 사람이 옷이나 물건을 새로 구입했는
데도 당신에게 아무런 관심이 생기지 않는다면, 그 사람은 당신에게
아무런 선망성이 없는 사람이다. 또한 당신이 새로 구입한 옷이나
물건이 다른 사람들에게 아무런 영향도 미치지 못한다면 당신은 선
망성 없는 사람이다. 이를 그림으로 표현하면 아래와 같다.

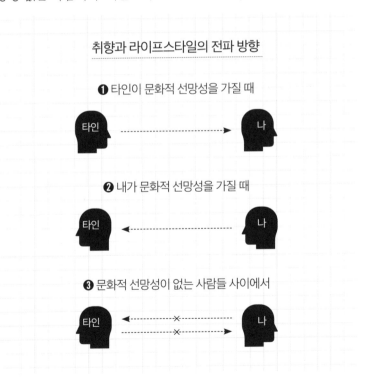

이처럼 취향과 라이프스타일이 영향을 미치고 전파되는 과정을 들여다보면 사회에는 문화적 선망성이 높은 사람들이 별도로 존재한다는 것을 확인할 수 있다. 스파이크 전략은 브랜드의 모든 것을 이런 사람들의 취향과 선호에 맞춰서 이들 사이에서 스파이크 반응을 만들어내는 것을 목표로 한다.

선망성 있는 이들은 젊고 교육 수준과 소득 수준이 높은 사람들인가?

젊고 교육 수준과 소득 수준이 높은 사람들이 그렇지 않은 사람들보다 높은 선망성을 가진 것은 사실이다. 실제로 스티브 잡스가 애플에 돌아온 후 조너선 아이브와 함께 선보인 제품들에 스파이크 반응을 만들어낸 것은 교육 수준과 소득 수준이 높은 사람들이었다. 하지만 선망성은 사람들이 속한 각각의 문화 집단 내에서 결정되기 때문에 나이나 교육 수준 및 소득 수준이 반드시 중요한 것은 아니다. 브랜드가 타깃으로 하는 문화 집단마다 선망성 집단은 다르게 마련이다.

미국에서 나이키의 덩크 운동화에 가장 먼저 열광한 사람들은 옷을 잘 입고 세련된 사람들, 즉 패션 피플이었다. 이들은 교육 수준과 소득 수준이 높다고 말하기는 어렵지만 패션에 관심이 많은 젊은 사람들 사이에서 선망성을 가진 사람들이다. 마찬가지로 무신사에서 초기 스파이크 반응을 만들어낸 것은 스트리트 패션에 관심 있는 패션 피플들이었다. 테슬라 모델S에 열광적인 반응을 보인 것은 얼리어답터들이었다. 자라에 열광하는 사람들은 옷을 잘 입으면서 동시에 모델처럼 키가 크고 몸매가 좋은 사람들이다. 반면 같은 의류 브랜드지만 파타고니아에 스파이크 반응을 보인 사람들은 실리콘밸리와 샌프란스시코 지역의 스타트업 창업자와 테크 기업에 근무하는 사람들로 외모가 매력적이거나 스타일이 좋은 사람들은 아니었다.

이처럼 선망성 집단은 타깃 고객이 속한 문화 집단에 따라 다양한 모습으로 존재한다. 스트리트 패션에 관심 있는 10대, 20대라면 옷을 잘 입는 것이 선망성을 만들어낸다. 성공을 꿈꾸는 젊은 직장인이라면 사회적 위상과 소득 수준이 선망성을 만들어내는 가장 중요한 기준이 된다. 가령, 야심찬 30대 초반 사회 초년생이라면 큰 성공을 거둔 CEO(설령 그 사람이 나이가 많고, 몸매가 좋지 않으며, 세련된 취향을 가지고 있지 않더라도)가 손목에 차고 있는 시계 브랜드에 큰 영향을 받을 것이다. 이처럼 선망성은 사회 집단마다 다르게 결정된다. 따라서 브랜드는 자신이 타깃으로 하는 문화 집단의 선망성을 스스로 찾아내야 한다.

문화적 선망성 집단을
확인할 수 있는 손쉬운 방법은?

선망성 집단의 가장 중요한 특성은 그들의 취향과 라이프스타일이 다른 사람들에게 빠르게 전파된다는 점이다. 따라서 브랜드가 타깃으로 하는 사람들 사이에서 취향과 라이프스타일이 누구에게서 누구에게로 전파되는지 알아내면 선망성 집단을 쉽게 파악할 수 있다. 비슷한 타깃 집단 사이에서 성공적으로 팬을 만들어낸 브랜드의 초기 구매자 프로파일을 분석하는 것도 하나의 방법이다. 가령, 온라인으로 식품을 판매하는 유통 채널이라면 마켓컬리의 초기 구매자 프로파일에 강남 3구에 거주하는 30대 직장 여성들이 많다는 분석 결과를 통해 식품 구매자들 사이에서 선망성 집단이 누구인지 확인할 수 있을 것이다.

　선망성 집단을 파악하는 또 하나의 방법은 브랜드 사용자 이미지를 조사하는 것이다. 브랜드 사용자 이미지란 브랜드를 떠올렸을 때 브랜드를 주로 사용하는 사람들에 대한 이미지를 말한다. 브랜드에 선망성 스파이크가 발생하면 스파이크 집단을 기준으로 브랜드 사용자 이미지가 형성되기 때문에 브랜드 사용자 이미지를 통해 스파이크 집단이 누구인지 어느 정도 가늠해볼 수 있다. 우측은 내 수업을 듣는 대학생들이 직접 조사해서 확인한 브랜드 사용자 이미지다.

커피

스타벅스

- 젊은 사람
- 감성적인 것을 좋아하는 사람
- 멋있는 사람
- 자기 관리를 잘하는 사람
- 디자인을 중요시하는 사람
- 경제적 여유가 있는 사람
- 커피의 질을 중시하는 사람
- 맥북 사용자

커피 브랜드 A

- 삼성 핸드폰을 쓰는 장년층 남자
- 커피의 질에 관심 없는 사람
- 매장 근처에 사는 사람
- 중고등학생
- 장소가 필요한 사람

커피 브랜드 B

- 학부모들
- 여럿이 모여서 수다 떨기 위해 모인 사람들
- 삼성 핸드폰 사용자

커피 브랜드 C

- 학원에 다니는 10대 청소년
- 커피 맛에 신경 쓰지 않는 사람
- 가정주부
- 유행에 민감하지 않은 사람

스포츠

나이키

- 젊은 사람
- 멋을 중시하는 사람
- 트렌드에 민감한 사람
- 운동을 열심히 하는 사람
- 스포츠용품의 기능성을 중시하는 사람

스포츠 브랜드 D

- 나이 많은 사람, 50대 장년층
- 실용성을 중시하는 사람
- 가성비를 중시하는 사람
- 다른 사람의 시선에 신경 쓰지 않는 사람
- 멋에 관심 없는 사람
- 심미적인 것에 관심 없는 사람

식품 플랫폼

마켓컬리

- 유행에 민감한 사람
- 경제적으로 여유로운 사람
- 건강에 관심이 많은 사람
- 요리에 관심이 많은 사람
- 스스로 고급스럽다고 생각하는 사람

식품 플랫폼 브랜드 E

- 실용적인 사람
- 편리함을 추구하는 사람
- 현실적인 사람
- 다세대 가구의 가정주부

OTT

NETFLIX

넷플릭스

- 20~30대
- 연인
- 최신 트렌드에 민감한 사람
- 감성적인 사람
- 아이폰 사용자
- 서양 문화에 관심이 많은 사람

OTT 브랜드 F

- 가성비를 추구하는 사람
- 중년층
- 한국 드라마와 예능을 좋아하는 사람
- 30~40대 주부

화장품

러쉬

- 젊은 사람
- 자기 관리를 잘하는 사람
- 쾌활한 사람
- 환경을 생각하는 사람

화장품 브랜드 G

- 겉모습에 큰 관심이 없는 사람
- 실용적인 사람

음원 스트리밍

스포티파이

- 음악에 관심이 많은 사람, 팝송을 많이 듣는 사람
- 20대
- 감각적인 사람
- 개성 있는 사람, 힙한 사람
- 아이폰 사용자

음원 스트리밍 브랜드 H

- 유행이 관심 없는 사람
- 개성과 멋이 없는 사람
- 뚜렷한 음악적 취향이 없는 사람

컴퓨터

MacBook

맥북

- 디자인을 중시하는 사람
- 젊은 사람
- 트렌드에 민감한 사람
- 디자이너, 개발자
- 고소득자
- 감성적인 것을 좋아하는 사람
- 힙한 사람
- 세련된 사람
- 창의적인 일을 하는 사람
- 대학생들 중에서 발표 잘하는 학생

컴퓨터 브랜드 I

- 실용적인 사람
- 무난하고 눈에 띄지 않는 사람
- 컴퓨터로 주로 문서 작업을 하는 사람
- 대학생들 중에서 발표는 잘 못하고 혼자 하는 공부는 잘하는 학생
- 디자인에 관심 없는 사람
- 개성 없는 사람
- 가정이 있는 30~50대

앞의 결과에서 확인할 수 있듯, 팬이 많은 브랜드와 팬이 없는 브랜드는 사용자 이미지에 큰 차이가 있다. 팬이 많은 브랜드는 사용자 이미지가 명확하며 문화적 선망성을 가진 사람들이 사용하는 브랜드로 인식된다. 반면 팬이 없는 브랜드는 사용자 이미지가 명확하지 않거나 문화적 선망성이 없는 사람들이 사용하는 브랜드라는 이미지를 가지고 있다. 이 같은 조사를 통해 브랜드가 타깃으로 할 집단을 구체적으로 정의할 수 있다.

스파이크 전략을 실행하기 위해서는 선망성 집단을 가능한 한 좁고 명확하게 정의해야 한다. 선망성 집단을 파악하는 이유는 그들 사이에서 스파이크 반응을 만들어내기 위함이다. 그러기 위해서는 그들의 취향을 제대로 알아내야 한다. 선망성 집단을 넓고 애매하게 정의하면, 다양한 취향을 가진 사람들이 섞여들어 이들의 취향을 모두 확실하게 만족시키는 것이 어려워진다. 그래서 가능한 한 좁게, 특히 취향과 라이프스타일이 유사한 사람들을 선망성 집단으로 정의해야 한다. 테슬라 모델S가 좋은 사례다. 가격이 1억 원도 넘는 전기차 구매자의 선망성 집단은 젊고 성공한 사람들, 즉 영앤리치다. 테슬라는 여기서 한 발 더 나아가 젊고 성공한 사람들 중에서도 얼리어답터를 타깃으로 했다. 얼리어답터는 취향과 라이프스타일에 있어서 높은 유사성을 갖는다. 따라서 이들의 취향에 완벽하게 들어맞는 제품을 만들면 이들 사이에서 강렬한 스파이크 반응을 끌어낼 수 있다.

유명인 모델과 선망성 집단, 어떤 차이가 있는가?

유명인 모델은 돈을 받고 제품을 홍보해주는 사람이다. 반면 선망성 집단은 우리가 주변에서 볼 수 있는 사람들이다. 과거에는 유명인 모델을 사용해서 브랜드에 선망성을 부여했다. 하지만 이제는 광고를 통해 유명인이 특정 브랜드 제품을 사용하는 모습을 보여준다고 해서 브랜드가 선망성 집단의 표식이 되지는 않는다. 예전처럼 사람들이 광고 내용을 있는 그대로 믿지 않기 때문이다. 또한 한 유명인이 같은 영역에 있는 여러 브랜드의 모델을 하는 경우도 비일비재하다. 게다가 광고에서는 A 브랜드를 홍보하지만, SNS를 통해 드러난 그들의 일상에서는 B 브랜드를 사용하는 모습을 보게 되기도 한다. 그래서 한두 명의 유명 광고 모델보다는 선망성을 가진 일반인이 중요하다. 선망성을 가진 다수의 일반인이 동시다발적으로 특정 브랜드를 사용해야 사람들은 그 브랜드가 실제로 선망성을 가진 사람들이 사용하는 브랜드라고 인식하게 된다.

그렇다고 유명인을 선망성 집단에 포함시키지 말아야 한다는 뜻은 아니다. 유명인이 일상 속에서 특정 브랜드를 선호하는 모습은 선망성 스파이크 반응을 만들어내는 데 큰 도움이 된다. 전 세계적으로 나이키의 덩크가 크게 유행하기 이전부터 버질 아블로나 카일리 제너Kylie Jenner 같은 유명인이 일상에서 덩크를 신고 다니는 모습이 종종 목격되고는 했다. 특히 아블로는 자신이 디자인한 덩크를 선보이기 이전부터 덩크의 팬이었다. 한국에서도 지드래곤이나 제니 같은 유명인이 일상에서 입는 옷이나 신발이 큰 인기를 얻는 경우가 많다. 이처럼 선망성 집단에 유명인이 포함되는 것은 분명 좋은 일이다. 다만 유명인이 실제로 브랜드의 팬이어야 하고, 일상 속에서 그 브랜드를 사랑하는 모습이 자연스럽게 드러나야 한다. 스파이크 반응을 만들기 위해서 유명인에게 협찬했는데, 그 사람이 실제 생활에서는 다른 브랜드를 좋아하는 모습을 보이면 오히려 역효과가 날 수도 있다.

문화적 선망성을 가진 사람의 마음을 얻어라

사회 안에는 문화적 선망성을 가진 사람들이 존재한다. 그들의 취향과 라이프스타일은 물 흐르듯 주변 사람들에게로 흘러가며 영향을 미친다. 이들은 어느 곳에나 존재한다. 당신 옆자리에 앉아 있는 동료일 수도 있고, 스타벅스 매장에서 당신 맞은편에 앉아 있는 사람일 수도 있다. SNS에서 자기 일상을 공유하는 것을 즐기는 유명인일 수도 있다. 스파이크 전략의 핵심은 이런 사람들의 마음을 얻어내는 것이다. 광고를 통해 브랜드에 선망성을 입히거나 돈을 주고 인플루언서에게 홍보를 맡기는 것으로는 더 이상 브랜드 팬을 만들어내지 못한다. 중요한 것은 사람들이 자신의 삶에서, 그리고 SNS에서 보게 되는 '실제' 삶이다. 실제 삶 속에서 선망성을 가진 사람들이 선택하고 사랑하는 브랜드가 되어야 한다. 그러면 브랜드는 선망성 집단의 표식으로 인식되어 수많은 브랜드 팬이 만들어진다. 이것이 바로 지금까지 누구도 말해주지 않았던, 브랜드 팬을 만들어내는 궁극의 법칙이다.

2장

선망성 스파이크 발생의 3요소

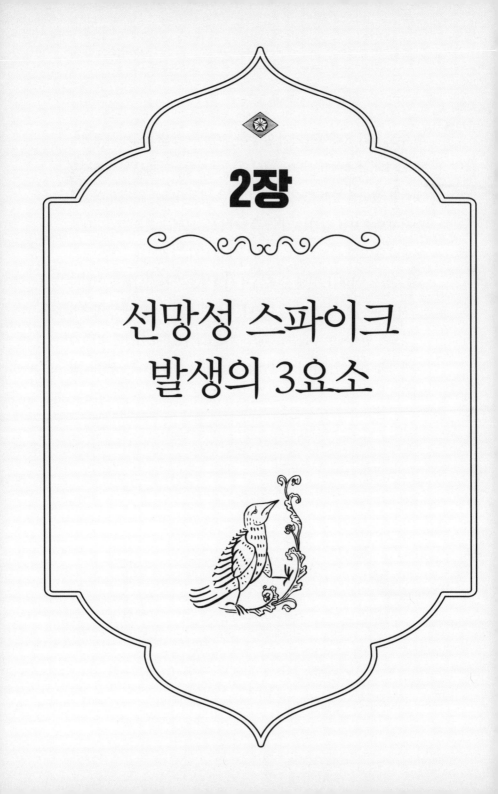

SP/KE

2-1

선망성 스파이크 만들기
: 취향

스파이크 전략은 브랜드의 초점이 평균점에 위치하지 않는다. 대신 스파이크 타깃의 취향과 선호를 철저히 맞추는 것을 목표로 하게 된다. 설령 스파이크 타깃의 취향과 선호가 절대다수 고객의 선호와 취향과 맞지 않더라도 말이다.

오직 스파이크 타깃의 취향만이
의미 있다

브랜드가 목표로 하는 선망성 집단을 스파이크 타깃이라고 칭한다. 스파이크 타깃이 결정되면 이들의 취향을 제대로 파악하고 이들을 철저하게 만족시켜야 한다. 그래야만 이들 사이에서 열광적인 반응, 즉 스파이크 반응이 발생한다. 이때 가장 중요한 것은 브랜드의 초점이다.

기존 마케팅 활동의 초점은 고객의 평균점에 맞춰져 있었다. 브랜드의 타깃 고객을 폭넓게 정의하고, 이들을 두루두루 만족시킬 수 있는 제품, 즉 평균점에 초점이 맞춰진 제품과 서비스를 출시했다. 다양한 종류의 제품과 서비스를 출시할 경우, 취향과 선호가 유사한 고객들을 덩어리segment로 묶어서 각각의 평균점에 해당하는 제품과 서비스를 출시했다.

전자 제품을 예로 들어보자. 어떤 사람은 제품을 작동할 때 필요한 버튼들이 제품 전면의 가장 잘 보이는 데 모두 나열되어 있는 것을 원한다. 그래야 사용하기에 편리하기 때문이다. 반면 어떤 사람은 모든 버튼이 숨겨진 디자인을 선호한다. 버튼이 모두 숨겨져 있으면 사용하기에는 불편하지만 심미적으로 매력적이기 때문이다. 타깃 고객 전체를 대상으로 조사해보면 버튼이 모두 나열되어서 사용하기 편한 디자인의 제품을 선호하는 사람이 더 많을 것이다. 즉, 평균점은 사용이 편리한 디자인에 있다. 따라서 기존 마케팅 활동에서는 제품의 초점이 이 평균점에 맞춰져 디자인됐다. 반면 스파이크 전략은 브랜드의 초점이 평균점에 위치하지 않는다. 대신 스파이크 타깃의 취향과 선호를 철저히 맞추는 것을 목표로 하게 된다. 설령 스파이크 타깃의 취향과 선호가 절대다수 고객의 선호와 취향과 맞지 않더라도 말이다.

테슬라 모델S나 모델XModel X 같은 고가의 전기자동차를 생각해 보라. 1억 원이 넘는 자동차(스포츠카를 제외함)를 구매하는 사람들은 대부분 안락한 승차감과 고급스러운 내장재를 원한다. 또한 자신의 취향에 맞는 옵션을 선택할 수 있기를 바란다. 하지만 테슬라 모델S나 모델X는 안락하지도 않고 내장재가 고급스럽지도 않다. 선택할 수 있는 옵션도 몇 가지 안 된다. 대신 테슬라는 스파이크 타깃의 취향과 선호에 집중했다. 앞서 설명한 것처럼 테슬라의 스파이크 타깃은 얼리어답터다. 얼리어답터는 안락함이나 고급스러움에 큰 가치를 두지 않는다. 이들이 원하는 것은 새롭고 혁신적인 장치다. 테슬라의 자동차에는 얼리어답터들을 열광시키는 장치들이 가득 탑재되어 있다. 내비게이션 화면을 게임 화면처럼 바꿀 수 있는 기능이나 버튼을 누르면 음악에 맞춰서 자동차 문짝이 춤추게 만드는 것처럼 새롭고 혁신적인 장치들을 잔뜩 준비하고 지속적으로 개선하고 있다.

테슬라뿐만 아니라 앞서 스파이크 반응을 만들어낸 사례로 소개한 모든 브랜드가 이러한 전략을 사용했다. 애플의 제품들은 실용적인 사람이나 나이 많은 사람이 사용하기에는 불편하다. 하지만 편리함보다 심미적인 완성도에 가치를 둔 사람의 취향은 확실하게 만족시킨다. 자라의 옷들은 평범한 사람들이 입기에는 기장이 너무 길고 스타일도 파격적이지만 좋은 몸매를 가진 패션 피플에게는 저렴한 가격에 하이 패션을 입을 수 있는 최고의 선택이다. 나이키도 일반 고객들이 신기에는 지나치게 파격적이거나 불편한 디자인의 운동화를 많이 선보이고 있다. 나이키 운동화들 중에서 젊은 세대에게 가장 인기 있는 조던1 같은 신발들은 요즘 시대에 걸맞지 않을 정도로 불편한 착화감과 쿠션감을 제공한다. 마켓컬리도 초기에 제공된 제품들은 가격이 비싸거나 한국에서 쉽게 볼 수 없는 이국적인 식품들이었고, 포장도 일반 사람들은 불필요하다고 느낄 정도로 많은 정성이 들어가 있었다. 반면 팬을 가지지 못한 브랜드는 대부분 평균점을 보고 제품을 만들고 서비스를 제공한다. 그래서 많은 사람을 그럭저럭 두루두루 만족시킬 수 있지만, 절대로 스파이크 반응은 만들어내지 못한다.

고객의 목소리가
가장 중요한 것 아닌가?

다수 고객의 취향과 선호가 아니라 오직 스파이크 고객의 취향과 선호에 초점을 맞추는 것은 대다수 마케터들에게 무척 낯선 일이다. 자신이 학교에서 배운 것, 회사에서 해오던 것과 전혀 다르기 때문이다. 학생들은 학교의 마케팅 수업에서, 마케터들은 회사에서 고객의 목소리에 귀 기울이라는 소리를 지겨울 정도로 반복해서 듣는다. 고객의 목소리에 귀 기울이고 그들이 느끼는 불편함과 불만을 해소해주는 것이 최고의 마케팅이라고 배운다. 실무자들은 매일같이 고객의 반응을 살피고, 경영자들은 고객 중심 경영을 최고의 기업 가치로 내세운다. 그런데 나는 지금 이 모든 것이 어쩌면 전혀 불필요한 것일지도 모른다고 이야기하고 있는 것이다.

고객의 목소리에 귀 기울이라는 것은 누구도 반박할 수 없는 절대적인 명제처럼 느껴진다. 하지만 조금만 깊게 생각해보자. **고객들은 모두 다른 목소리를 내기 마련이다. 그렇다면 도대체 누구의 목소리에 귀 기울여야 한단 말인가?** 고객 데이터에 기반해서 고객마다 다른 서비스를 제공하는 플랫폼이라면 가능한 일이겠지만, 대부분의 기업은 제한된 종류의 제품과 서비스를 내놓을 수밖에 없다. 고객들의 다양한 목소리를 반영하는 것 자체가 애초에 불가능한 것이다. 그렇다 보니 가장 많은 수의 목소리(그리고 종종 가장 큰 목소리), 즉 평균점에 맞춰진 제품과 서비스를 내놓게 된다.

물론 브랜드의 지향점을 평균점에 맞추는 게 잘못된 것은 아니다. 브랜드가 팬 브랜드가 아닌 가치 브랜드◆를 지향한다면 평균점에 맞춰진 제품을 내놓는 것이 가장 이상적이다. 가치 브랜드의 대표 사례인 유니클로를 예로 들어보자. 유니클로의 옷들은 디자인과 색상 모두 평균점에 맞춰져 있다. 그래서 평범하고 지루하게 느껴지지만, 많은 사람들의 취향과 선호를 그럭저럭 맞출 수 있다. 또한 많은 사람들의 취향과 선호를 만족시켜주기 때문에 높은 매출을 올릴 수 있다. 하지만 평균점과 다른 취향과 선호를 가진 스파이크 타깃에게는 철저히 외면당할 수밖에 없다. 팬을 만들고자 하는 브랜드가 가장 피해야 하는 것은 브랜드의 초점을 평균점에 맞추는 것이다. 이런 의미에서 팬을 만들고자 하는 브랜드는 모든 고객의 목소리에 귀 기울일 필요가 없다. 오직 중요한 것은 스파이크 타깃의 목소리

◆가치 브랜드는 팬 브랜드의 반대되는 개념으로, 팬이 없는 브랜드를 지칭한다. 가치 브랜드도 팬 브랜드만큼 혹은 그 이상 매출이 높은, 강한 브랜드가 될 수 있다. 다만 브랜드 팬이 적고 이익률이 낮다는 특성을 보인다. 자라가 팬 브랜드라면 유니클로는 가치 브랜드에 해당한다. 마찬가지로 애플의 맥북이 팬 브랜드라면 LG전자의 그램은 가치 브랜드에 해당한다. 가치 브랜드에 대해서는 이 책 226페이지에 보다 자세히 설명하겠다.

뿐이다.

브랜드가 가치 브랜드를 지향한다면 평균점을 목표로 하고, 팬 브랜드가 되고자 한다면 스파이크 타깃을 목표로 하면 된다. 그런데 기업의 문제는 대부분 브랜드 팬을 만든다는 목표를 가지고 있으면서 브랜드의 초점은 평균점에 맞춰져 있다는 것이다. 이 모두 브랜드 팬의 본질을 제대로 이해하지 못하고 있기 때문이다. 다시 한 번 강조하지만 브랜드 팬이 된다는 것은 선망성 집단의 표식을 얻는 것이며, 그렇기 때문에 팬을 만들기 위해 가장 중요한 것은 선망성 집단의 스파이크 반응이다. 평균점을 바라보는 브랜드는 스파이크 반응을 만들어낼 수 없다는 것을 지금이라도 제대로 깨달아야 한다.

다수 고객의 취향과 선호를 무시하면 실패한 제품 아닌가?

스파이크 타깃의 취향과 선호에 초점을 맞춰서 제품과 서비스를 출시하면 대부분의 고객이 불만족스러워할 수 있다. 하지만 이런 반응은 일시적일 뿐이다. 스파이크 타깃의 취향과 선호가 나머지 고객들에게 빠르게 전이되기 때문이다. 스파이크 반응이 일어나기 전에는 자신의 취향과 선호에 맞지 않는 제품에 거부감을 느낄 수 있지만, 스파이크 반응이 발생하고 브랜드가 선망성 집단의 표식이라는 것

을 인식하고 나면 사람들은 선망성 집단의 일원이 되기 위해 스파이
크 집단의 취향과 선호를 자신의 것으로 받아들이게 된다.

애플의 맥북을 예로 들어보자. PC만 사용하던 사람이 맥북을 처
음 사용하면 불편함을 느끼게 마련이다. 단지 운영체제os가 달라서
느끼는 불편함이 아니라 단축키, 키의 배열, 주변 기기 연결 문제 등
으로 인해 발생하는 실질적인 불편함이다. 하지만 애플이라는 표식
을 얻으려는 사람은 이러한 불편함을 나쁜 것으로 생각하지 않는다.
오히려 자신이 학습하고 익숙해져야 하는 것이라고 생각한다. 처음
으로 귀족이 된 사람이 귀족들의 불편한 옷에 적응하려는 것처럼 말
이다.

애플의 무선 이어폰인 에어팟은 어떤가? 처음 에어팟이 등장했
을 때 많은 사람들이 생김새가 마치 콩나물 같다고 조롱했다. 나 역
시 기존 유선 이어폰에서 전선만 끊어놓은 것 같은 모습이 몹시 어
색하게 느껴졌다. 하지만 에어팟에 대한 선망성 스파이크가 발생한
후, 즉 선망성을 가진 사람들이 콩나물처럼 생긴 이어폰을 끼고 다
니는 현상이 나타난 후, 사람들은 갑자기 이 못생긴 이어폰이 멋지
다고 느끼게 됐다. 룰루레몬이 선보인 레깅스도 처음에는 많은 사람
들이 거부감을 나타냈다. 몸매를 고스란히 드러내는 레깅스가 선정
적이라며 비난하는 사람들도 있었다. 하지만 이제는 많은 사람들의
일상복으로 자리 잡았고 사무용으로 레깅스를 착용하는 사람들도

있다. 최근에는 레깅스 차림의 남성도 흔하게 볼 수 있다. 심지어 애플의 아이맥이 처음 등장했을 때, 대부분의 컴퓨터 전문가들은 "컴퓨터답지 않게 생겼다"며 비판했다. 당시 미국의 신문 기사들을 찾아보면 쉽게 확인할 수 있는 내용이다.

이처럼 선망성 스파이크 현상이 발생하면 나머지 사람들은 선망성 집단의 취향과 선호를 자신의 취향과 선호로 받아들인다. 스파이크 집단의 취향과 선호에 초점을 맞추는 것이 다수 고객의 취향과 선호를 무시하는 것은 아니다. 다수 고객의 취향과 선호는 너무 다양하며, 명확하지 않은 경우가 많고, 선망성 집단의 취향과 선호에 큰 영향을 받는다는 점이 문제다. 그래서 스파이크 반응을 만들어내기 위해서는 선망성 집단에 초점을 맞춰야 한다는 것이다.

취향 이해하기

스파이크 반응을 만들어내기 위해서는 선망성 집단의 취향과 선호를 파악해야 한다. 이때 일반적으로 사용되는 조사 방법들, 가령 FGDFocus Group Disscussion나 설문조사, 버즈 분석Buzz Analysis 등은 큰 도움이 되기 어렵다. 스파이크 집단이 아닌 사람들에 대한 조사 방법이기 때문이다. 스티브 잡스는 생전에 자신은 시장 조사 결과를 믿지 않는다고 말한 바 있다. 이 이야기가 말도 안 된다거나 와전된 것이라고 생각하는 사람이 많다. 하지만 나는 잡스가 이런 이야기를 했다는 것을 알게 된 순간, 손뼉을 치며 100% 공감했다. 애플에 필요한 정보는 다수 사람들, 즉 평균점 고객의 정보가 아니라 애플에 전략적으로 중요한 타깃, 즉 스파이크 타깃의 정보이기 때문이다.

그렇다면 어떻게 해야 스파이크 타깃의 취향과 선호를 알아낼 수 있을까? 브랜드의 리더나 구성원들이 스파이크 타깃에 해당한다면 조사 자체가 필요하지 않다. 자신들의 취향과 선호에 맞는 제품을 출시하면 되기 때문이다. 실제로 선망성 스파이크를 만들어낸 브랜드의 상당수는 창업자나 CEO, 브랜드 리더 자신이 선망성 집단에 속하는 경우가 많다. 애플, 테슬라, 룰루레몬, 마켓컬리(초기), 무신사 등이 이런 경우에 해당한다. 만약 브랜드 조직이 선망성 집단에 해당하지 않는다면 별도의 조사를 실시해야 한다. 다만 어떤 사람이 조사 대상이 되는지가 중요하다. 리서치 회사에 등록되어서 정기적으로 조사에 참여하는 사람들이 조사 대상이 되어서는 안 된다. 이들은 선망성 집단에 속하지 않을 가능성이 높기 때문이다. 브랜드 스스로 스파이크 타깃에 해당하는 사람을 찾아내야 한다. 이런 사람들을 찾아서 이야기 나누고, 이들의 삶을 관찰해서 취향과 선호를 알아내야 한다.

취향 적용하기

스파이크 타깃의 취향과 선호를 파악했다면 브랜드의 모든 활동에 그들의 취향과 선호를 반영해야 한다. 목표는 그들에게 사랑받는 브랜드, 다른 브랜드로 대체될 수 없는 브랜드가 되는 것이다. 그러기 위해서는 과감한 취사선택이 필요하다. 브랜드가 모든 것을 담아낼 수는 없으며, 그럴 필요도 없다. 스파이크 타깃이 원하는 것만 제대로 담아내면 된다. 테슬라 모델S가 취한 것은 얼리어답터를 열광시키는 장치들이고, 버린 것은 안락함과 고급스러움이다. 애플의 취한 것은 심미적인 완성도와 직관적인 사용성이고, 버린 것은 실용성과 편리함(애플의 팬은 애플 제품이 편리하다고 생각하지만 일반 고객 기준으로 애플의 제품들은 절대로 편리하지 않다)이다. 자라가 취한 것은 하이 패션 스타일이고, 버린 것은 대중적인 기호와 핏이다. 이처럼 스파이크 타깃의 취향과 선호에 맞지 않는 것은 과감하게 버리고, 그들이 원하는 것만 갖춰야 한다. 그래야 그들 사이에서 열광적인 반응이 만들어진다.

이런 전략을 취하려고 하면 대부분의 회사에서 내부적으로 큰 반대에 부딪힐 것이다. 이유는 간단하다. 조직의 의사결정자들은 대부분 스파이크 타깃에 해당하는 사람들이 아니기 때문이다. 그들의 눈에 스파이크 타깃의 취향과 선호를 반영한 제품은 도무지 이해할 수 없는 제품으로 보일 것이다. 아마도 이들은 당신에게 이렇게 말할 것이다. "이런 제품이 팔리겠어?"

이렇게 말하는 사람이 있다면, 자기 스스로 자신은 사회에서 아무런 선망성 없는 사람임을 공개적으로 선언하는 것이나 마찬가지다. 안타까운 사실은 한국 기업의 주요 의사결정자들이 대부분 이런 사람들이라는 것이다. 그리고 이들은 (뻔뻔하게도) 마케터들에게 브랜드 팬을 만들어야 한다고 입버릇처럼 말하곤 한다.

스파이크 전략은 회사의 구성원들 자체가 스파이크 타깃에 해당할 때 보다 쉽게 실행될 수 있고, 성공 가능성도 높다. 사실 스파이크 전략의 사례로 소개한 브랜드들은 대부분 이런 경우에 해당한다. 그렇다고 해서 기존 회사가 선망성 스파이크를 만들어낼 수 없다는 것은 아니다. 대신 그러기 위해서는 내부적 설득 과정이 필요하다. 브랜드 팬이 만들어지는 과정이 어떠하며, 그러기 위해서는 무엇을 해야 하는지 그들에게 제대로 설명해야 한다. 필요하다면 이 책을 그들에게 선물하라. 여기 그들을 위한 메시지를 적어놓았다.

"브랜드 팬을 만들고 싶다면, 자기 스스로 사회에서 선망성을 가진 사람인지 생각해보기 바랍니다. 자신이 그런 사람이 아니라면 브랜드 팬과 관련된 모든 의사결정은 마케터에게 맡겨주시기 바랍니다."

SP/KE

2-2

선망성 스파이크 만들기
: 브랜드 에센스

스파이크 전략에서 기존 고객들의 거부감은 중요하지 않다. 중요한 것은 오직 스파이크 타깃의 반응이기 때문이다. 브랜드 에센스를 새롭게 정의하더라도 스파이크 타깃이 반응을 보인다면 기존 고객들은 결국 새로운 브랜드 에센스를 수용하게 된다.

브랜드 에센스가 느껴지는가?

스파이크 반응을 만들기 위해서 가장 중요한 것은 스파이크 타깃의 취향을 철저히 만족시키는 것이다. 하지만 그것만으로는 스파이크 반응을 일으키기에 부족할 수도 있고, 스파이크 반응이 나타나더라도 일시적인 것에 그칠 수도 있다. 그래서 두 가지 추가적인 요소를 소개하고자 한다. 하나는 브랜드 에센스이고, 다른 하나는 브랜드 상징이다. 우선 브랜드 에센스에 대해 이야기해보겠다.

　제품을 사용할 때 왠지 모르게 브랜드의 정신이나 영혼이 느껴졌던 경험을 누구나 가지고 있을 것이다. 어떤 브랜드는 제품 자체 외에는 아무것도 느껴지지 않는다. 이러한 차이를 가져오는 것이 바로 브랜드 에센스다. 브랜드 에센스에 대해서는 다양한 정의가 존재하지만, 쉽게 말하자면 브랜드에서 '느껴지는' 정신이나 영혼을 말한다. '느껴지는'이라는 단어에 강조 표시를 한 데는 이유가 있다. 많은 마케터들이 힘들게 자신의 브랜드 에센스를 정의하지만 실무에 적용하지 않는 일이 너무 흔하기 때문이다. 마치 숙제를 하듯 브랜드 에센스를 정의하고 브랜드 아이덴티티 혹은 에센스 휠을 만들지만 그때뿐이다. 신제품을 개발하거나 새로운 마케팅 활동을 계획할 때는 자신이 만들어놓은 브랜드 에센스를 까마득하게 잊어버리고 늘 하던 방식대로 업무를 수행한다. 고객에게 느껴지지 않는 브랜드 에센스는 아무런 의미 없는 글자의 나열일 뿐이다.

몇십 년째 매일같이 정성껏 과자를 구워내는 과자 장인이 있다고 상상해보자. 이 장인의 과자를 한 번 맛보는 것만으로 장인의 철학과 혼이 그대로 당신에게 전달될 것이다. 역시 장인의 과자는 다르다고 생각하게 될 것이다. 그런데 이 장인은 자신의 브랜드 에센스가 무엇인지 설명할 수 있을까? 아마 제대로 설명하지 못할 것이다. 하지만 그의 과자를 먹어본 사람은 누구나 그 장인의 브랜드 에센스를 경험하게 될 것이다. 이런 것이 브랜드 에센스의 본질이다. 브랜드 에센스는 멋드러진 말로 꾸며낸 글자 몇 자가 아니라 제품과 서비스를 통해 전달되는 무형의 것이다. 그래서 브랜드 에센스가 무엇인지도 모르는 사람의 제품에서 그 사람의 정신과 혼이 그대로 묻어 나오기도 하고, 브랜드 에센스에 대해 열심히 공부하고 컨설팅 받은 마케터의 제품에서 아무것도 느껴지지 않기도 하는 것이다.

선망성 집단에서 스파이크 반응을 만들어내기 위해서는 브랜드에서 무형의 무엇인가가 느껴져야 한다. 사회에서 선망성을 가진 사람들은 다른 사람들에 비해 브랜드에 대한 경험이 풍부하다. 그래서 이들은 브랜드에 대한 안목이 더 높고 더 까다롭다. 겉모습이 아무리 화려해도 아무것도 느껴지지 않는 제품은 이들을 만족시키기 어렵다. 이들을 만족시키려면 단순히 좋은 제품이 아니라 제품 이상의 것이 되어야 한다. 즉, 브랜드 정신과 혼이 느껴지는 제품을 만들어야 한다. 게다가 브랜드 에센스는 브랜드에 생명을 불어넣어 마치 살아 있는 사람처럼 느껴지게 만든다. 브랜드 에센스가 느껴지지 않는 제품은 단순히 하나의 제품에 불과하지만, 브랜드 에센스가 느껴지는 제품은 브랜드 뒤에 있는 사람의 존재가 감지된다. 혼이 담기지 않은 사물보다 누군가의 혼이 느껴지는 사물, 혹은 사물 뒤의 존재가 느껴지는 사물에 팬심이 형성되기 쉬운 것은 너무 당연한 일이다. 똑같은 그림도 사람이 그린 그림에는 팬이 될 수 있지만, 인공지능AI이 그린 그림에는 팬이 되기 어려운 것처럼 말이다. 브랜드 에센스는 제품 뒤의 사람이 느껴지게 해서 보다 쉽게 브랜드 팬을 만드는 중요한 역할을 한다.

'느껴지는' 브랜드 에센스는
어떻게 만들 수 있는가?

만약 한 사람이 브랜드의 모든 것을 진두지휘한다면 브랜드 에센스를 굳이 글자로 정의할 필요는 없을 것이다. 그 사람 자체가 브랜드 에센스이기 때문이다. 실제로 창업자가 브랜드를 직접 관리하는 스타트업이나 디자이너가 브랜드를 총괄하는 패션 브랜드는 브랜드 에센스를 정의하지 않아도 브랜드에서 그 사람의 정신과 혼이 느껴진다. 장인이 만드는 식품이나 가구의 경우도 마찬가지다.

그런데 여러 사람이 브랜드를 관리하는 상황이거나 선임자가 만든 브랜드를 이어받아 관리하는 경우라면 브랜드 에센스를 제대로 정의할 필요가 있다. 이때 브랜드 에센스를 정의하는 형식이나 방법은 모두 잊어버려라. 마케터들 가운데 주어진 형식에 맞춰 브랜드 에센스를 정의하는 경우가 있는데, 형식에 맞추는 것을 중요하게 여기다 보니 실무에 적용할 수 없는 결과가 나타나기도 한다. 브랜드 에센스를 만드는 목적은 제품을 사용하는 고객들이 브랜드의 정신과 혼을 느끼게 하려는 것이다. 그러기 위해서 중요한 것은 형식이 아니라 실무에서의 유용성이다. 브랜드의 모든 활동에 브랜드 에센스가 길잡이 역할을 해야 하며, 브랜드의 모든 요소에 일관성 있게 적용되어야 한다. 마케터의 마음속에 명확하게 자리 잡아 굳이 의식하지 않아도 실무에 일관되게 적용할 수 있어야 한다.

가장 간단한 방법은 브랜드를 만드는 가상의 장인을 상상해내는 것이다. 한 사람이 브랜드의 모든 것을 총괄하는 경우라면 브랜드 에센스를 따로 만들 필요가 없다. 마치 그런 사람이 있는 것처럼 상상하라. 그 사람이 어떤 사람인지, 어떤 신념과 정신을 가진 사람인지, 어떤 영혼을 가진 사람인지 구체적으로 상상해내는 것이다. 마케터들은 고객 페르소나를 구체화하는 작업에 익숙하기 때문에 가상의 브랜드 장인을 만들어내는 것이 어렵지 않을 것이다. 브랜드 장인을 구체적으로 상상하고, 그 사람의 핵심을 요약하는 것을 찾아내면 된다. 그리고 마치 자신이 그 사람인 것처럼 느끼고, 생각하고, 행동하면 된다. 이것이 '느껴지는' 브랜드 에센스를 만들어내는 방법이다.

제품에 브랜드 에센스를 담아내기만 하면 되는가?

제품에 브랜드 에센스를 담아냈다며 만족해서는 안 된다. 단순히 제품에서 브랜드 에센스가 느껴지는 것만으로는 충분하지 않다. 스파이크 타깃이 브랜드 에센스에 공감하지 못할 수도 있기 때문이다. 가령, 어떤 브랜드가 모든 비용을 최소화해 좋은 제품을 저렴하게 판매하는 것을 브랜드 에센스로 가지고 있다고 해보자. 고객들은 이 브랜드의 제품을 사용할 때 '비용을 최소화하려는 브랜드의 집념'을 느끼게 될 것이다. 하지만 이런 집념은 스파이크 타깃에게 아무런 감흥을 불러일으키지 못한다. 일차적으로는 브랜드 에센스를 담아내는 것이 중요하지만, 더 중요한 것은 어떤 에센스를 담아내는가다.

브랜드가 선망성 집단에서 스파이크 반응을 불러일으키기 위해서는 브랜드 에센스가 그들이 공감하고 열광하는 것이어야 한다. 테슬라의 전기자동차에선 미래를 앞당기기 위한 혁신적인 노력이라는 브랜드 에센스가 느껴진다. 이는 테슬라가 타깃으로 하는 얼리어답터들의 공감과 환호를 이끌어낸다. 애플 제품에서는 디테일과 심미적 완성도에 대한 집착이 느껴진다. 이런 브랜드 에센스가 애플의 스파이크 타깃에게서 열광적인 반응을 만들어낸다. 파타고니아의 플리스 재킷을 입으면 환경보호를 위해 온 힘을 다하는 파타고니아의 정신이 느껴진다. 이는 파타고니아 스파이크 타깃의 깊은 공감을 이끌어낸다. 만약 테슬라나 애플, 파타고니아 제품에서 '원가 절감을 위한 집요한 노력' 같은 정신이 느껴진다면, 이들 브랜드의 스파이크 타깃은 등을 돌리게 될 것이다.

브랜드 에센스가 스파이크 타깃의 공감을 얻는 것은 그들을 계속 브랜드의 팬으로 남아 있게 하기 위해서도 반드시 필요하다. 제품 하나가 운 좋게 스파이크 반응을 만들어내는 경우는 종종 발생한다. 가령, 어떤 브랜드가 새로 선보인 운동화가 의도하지 않게 갑자기 선망성 집단에서 큰 인기를 얻을 수도 있다. 하지만 브랜드 에센스가 그들의 공감을 얻어내지 못하면 그들은 브랜드의 팬으로 남아 있지 않는다. 지금은 그 운동화에 열광적인 반응을 보여도 이내 다른 운동화로 떠나가버린다. 하지만 이들이 브랜드 에센스 자체에 공감한다면 이들은 그 브랜드의 다른 제품들에도 스파이크 반응을 만들어내며 브랜드의 팬으로 남아 있게 된다.

골든구스Golden Goose의 스니커즈가 이런 경우다. 골든구스는 2000년 설립된 이탈리아의 패션 브랜드로, 이들이 선보인 빈티지 운동화에 대해 한국의 선망성 집단에서 스파이크 반응이 짧게 발생한 적이 있다. 골든구스 스니커즈는 새 신발임에도 불구하고 오래 신어서 낡은 느낌을 표현해냈다. 이러한 빈티지 디자인이 한국의 패션 피플과 연예인들 사이에서 열광적인 반응을 만들어낸 것이다. 하지만 운동화 디자인만 이들의 취향에 적중했을 뿐, 골든구스 제품에는 이들이 공감할 만한 브랜드 에센스가 없었다. 스파이크 집단이 제품에만 반응했을 뿐, 브랜드 자체에는 열광하지 않았던 것이다. 이런 경우, 스파이크 반응이 발생해도 브랜드에 대한 팬이 생기기보다는 제품 하나만 일시적으로 유행할 가능성이 있다. 물론 제품 하나를 크게 유행시키는 것만으로도 큰 성과이지만, 더 이상적인 것은 제품이 아니라 브랜드 자체에 대한 팬을 많이 만들어내는 것이다.

오래된 브랜드의
브랜드 에센스를 바꿀 수 있는가?

브랜드 에센스가 분명하게 인식되고 있으나 그 에센스가 아무런 공감을 이끌어내지 못하고 있다면 새로운 브랜드 에센스를 고객에게 인식시키는 것은 매우 어려운 작업이다. 불가능하지는 않지만 시간이 오래 소요될 수밖에 없다. 그런데 오래된 브랜드들은 대부분 브랜드 에센스 자체가 명확하게 느껴지지 않는다는 문제를 가지고 있다. 오래된 브랜드의 경우, 초기에는 브랜드 에센스에 맞는 제품을 선보이고 마케팅했으나 시간이 지나면서 브랜드 관리자와 마케터가 바뀌고 이들이 저마다 다른 브랜드 에센스를 담아내거나 브랜드 에센스에 대한 고려 없이 제품을 만들고 마케팅을 진행해온 경우가 많다. 그래서 특정한 브랜드 에센스가 느껴지기보다는 이도 저도 아닌 느낌을 주는 경우가 대부분이다. 이처럼 브랜드 에센스가 명확하게 느껴지지 않는 상황에서는 언제든지 새롭게 브랜드 에센스를 정의할 수 있다. 이는 노후된 브랜드 이미지를 개선하기 위해 반드시 필요한 작업이기도 하다.

이때 새롭게 정의된 브랜드 에센스가 기존 브랜드 이미지와 크게 다르면 기존 고객들이 거부감을 느낄 수도 있다. 하지만 스파이크 전략에서 기존 고객들의 거부감은 중요하지 않다. 중요한 것은 오직 스파이크 타깃의 반응이기 때문이다. 브랜드 에센스를 새롭게 정의하더라도 스파이크 타깃이 반응을 보인다면 기존 고객들은 결국 새로운 브랜드 에센스를 수용하게 된다. 스파이크 타깃의 취향과 선호가 나머지 고객의 취향과 선호를 결정하기 때문이다.

SPIKE

2-3

선망성 스파이크 만들기
: 상징

모든 브랜드가 시각적 상징을 만들거나 이를 적극적으로 커뮤니케이션해야 하는 것은 아니다. 시각적 상징은 집단의 표식으로서 역할한다. 그렇기 때문에 상징성과 차별성을 가진 브랜드 로고가 필요한 것은 팬 브랜드, 즉 선망성 집단의 표식이 되려는 브랜드의 이야기다.

팬이 많은 브랜드의 브랜드 로고

애플, 나이키, 스타벅스, 블루보틀Blue Bottle, 룰루레몬, 테슬라는 모두 많은 팬을 보유한 팬 브랜드다. 그런데 이들 사이에는 또 다른 공통점이 있다. 브랜드 커뮤니케이션 전략으로 브랜드 이름보다 그림 형태의 시각적 상징을 내세운다는 점이다. 애플은 'Apple'이라는 글자 없이 사과 모양의 로고를 제품과 매장에 새겨넣는다. 구매자들에게 사과 모양 스티커를 나눠주기도 한다. 반면 다른 하이테크 제품 브랜드들은 로고보다는 브랜드 이름을 사용한다. 삼성, LG, 델Dell, 레노버Lenovo 등 대부분의 브랜드가 그렇다.

스타벅스 로고에는 '세이렌Siren'이라고 불리는 꼬리가 두 개인 인어가 그려져 있다. 원래는 인어 그림 주위에 'Starbucks'라는 글자가 인쇄되어 있었지만 2011년부터 이를 없애고 그림만 브랜드 상징으로 사용하고 있다. 나이키는 여신의 날개를 상징하는 스우시 모양을 디자인 요소로 적극적으로 사용하고 있다. 신발 상품군에서는 브랜드의 시각적 상징을 디자인 요소로 사용하는 것이 관행으로 대부분의 브랜드가 비슷한 전략을 사용하고 있지만, 의류 제품군을 비교해보면 나이키 제품은 브랜드 이름 없이 시각적 상징만 사용하는 비율이 월등하게 높다. 또한 재활용 자원을 사용한 나이키 제품들에는 아무런 문자적 설명 없이 나이키의 순환 디자인Circular Design 철학을 상징하는 로고만 새겨넣고 있다.

　많은 팬을 보유한 럭셔리 패션 브랜드들도 글자 없이 시각적 상징만 디자인 요소로 사용하는 경우가 많다. 커피 브랜드인 블루보틀은 글자 없이 파란색 병 그림을 사용하는데, 다른 커피숍(최소한 블루보틀이 등장한 시점 기준으로는)에서는 보기 힘든 모습이다. 룰루레몬은 룰루레몬이라는 이름 없이 말발굽 모양의 그림을 사용하는데, 이 역시 다른 요가복 브랜드와는 크게 다른 모습이다. 다른 요가복 브랜드들은 브랜드 이름만 사용하거나 시각적 상징을 사용하더라도 브랜드 이름을 더 강조하는 것이 일반적이다. 테슬라의 로고는 전기 모터의 단면을 나타내는 그림이다. 자동차 브랜드의 경우 페라리Ferrari, 포르쉐Porsche, 벤츠Benz, BMW 같은 럭셔리 브랜드는 시각적 상징이 주로 사용되고, 기타 자동차 브랜드는 이름 자체를 표기하거나 이름의 첫글자를 사용하는 관행이 있는데, 테슬라의 로고는 럭셔리 브랜드의 로고와 닮은 형태다.

　이처럼 팬 브랜드나 럭셔리 브랜드들은 브랜드의 시각적 상징물로 커뮤니케이션하는 경향이 있다. 반면 대부분의 가치 브랜드, 그리고 대부분의 한국 브랜드는 시각적 상징물보다는 브랜드의 이름 자체를 내세운다. 브랜드의 시각적 상징물이 없는 것은 아니지만 제품의 표식으로 글자가 주로 사용되며, 소비자들도 상징보다는 글자를 주로 기억한다. 소비자들을 대상으로 브랜드에 대한 기억을 테스트해봐도 팬 브랜드는 시각적 상징물을 기억하는 경우가 많지만, 팬이 없는 브랜드들은 소비자들이 브랜드의 시각적 상징물이 무엇인지 모르는 경우가 많다. 다이소나 로지텍의 경우를 예로 들어보자. 이들 브랜드의 시각적 상징물이 무엇인지 기억하는가? 아마 대부분의 사람이 기억하지 못할 것이다. 물론 예외적인 경우는 존재한다. 하지만 팬 브랜드들이 시각적 상징을 통해 적극적으로 커뮤니케이션하고, 가치 브랜드들이 브랜드 이름을 전면에 내세우는 전반적인 경향성은 분명하게 존재한다. 왜 이런 것일까? 거기에는 이유가 있다. 이들의 브랜드 로고는 브랜드가 아니라 집단의 상징적 표식,

팬 브랜드의 로고에는 시각적 상징이 많이 사용된다. 반면 가치 브랜드의 로고는 문자 형태가 일반적이다. 브랜드가 선망성 집단의 표식이 되기 위해서는 시각적 상징이 브랜드 로고로 보다 적합한 형태다.

즉 문장紋章이나 마찬가지이기 때문이다.

브랜드와 문장은 다르다

브랜드를 사전적으로 정의하면, 하나의 비즈니스를 다른 비즈니스와 구분해주는 표식이라고 할 수 있다. 이러한 사전적 정의에 따르면 브랜드 이름(가령, 삼성 제품에 새겨진 'Samsung')이나 시각적 상징(가령, 애플 제품에 새겨진 사과 모양) 모두 브랜드에 해당한다. 그런데 브랜드와 겉보기에는 유사하지만 의미가 전혀 다른 것이 있다. 바로 문장 heraldry이다. 문장은 사람들이 자신이 속한 가문이나 사회 계급, 국가를 표시하기 위해 사용하는 시각적 상징물이다. 즉, 집단을 상징하는 표식이다. 글자가 포함되기도 하지만 주로 그림 형태로 표현된다. 중세 유럽 초기에 전쟁을 할 때 피아식별을 쉽게 하기 위해 방패에 문장을 새겨넣기 시작했다고 알려져 있다. 그 후 전쟁 때뿐만 아니라 가문이나 계급, 길드 등을 나타내는 표식으로 유럽 전역에서 널리 사용되었다. 지금도 유럽 축구팀들은 중세 유럽에서 사용된 문장과 비슷하게 생긴 문장을 몸에 달고 경기에 나가는 모습을 볼 수 있다.

　인간은 아주 오래전부터 자신이 속한 집단의 표식으로 시각적 상징을 사용해왔다. 집단의 표식을 몸에 새기거나 거주지에 표시해서 자신들이 누군지를 나타내고 서로를 확인했던 것이다. 사람들이 왜 글자 대신에 시각적 상징을 집단의 표식으로 사용했는지는 명확하게 밝혀지지 않았다. 하지만 그 이유로 몇 가지를 추측해볼 수 있다.

우선 시각적 상징(색이나 형태 등)은 글자보다 빠르게 처리되며, 멀리서도 알아보기 쉽다. 한마디로, 자기편인지 아닌지 재빨리 구분하기에는 시각적 상징이 글자보다 적합한 형태다. 또한 시각적 상징은 글자보다 사람의 외형과 관련성이 높다. 사람은 본능적으로 생김새를 통해 자기편과 상대편을 구분한다. 자신이 아는 사람인지 혹은 자신과 같은 부족이나 인종의 사람인지 생김새를 통해 구분한다. 시각적 상징은 일종의 생김새로, 시각적 상징을 통한 집단의 구분이 사람의 본능에 더 가까운 형태라고 볼 수 있다. 또 다른 이유는 시각적 상징이 가진 의미와 관련 있다. 오래전부터 시각적 상징은 사회 속에서 의미에 대한 기호로 사용되어왔다. 특정한 모양이나 형태, 색 등에 특별한 의미를 부여하면 사회 구성원들은 이를 사회적 약속처럼 받아들였다.

과거 우리나라에서 전통적으로 해나 달, 동물에 부여했던 의미를 생각해보면 쉽게 이해할 수 있을 것이다. 현대 사회에서 각종 표지판의 시각적 상징들도 사회적 의미를 담아낸 상징물이다. 이에 반해 글자는 다양한 의미를 담아내기 어렵다. 글자가 가진 본래의 뜻 이상의 것을 의미하는 기호로 사용하기 어려운 것이다(단, 한자의 경우에는 의미를 담은 상징 기호로 사용 가능하다).

이처럼 인간의 역사에서 시각적 상징은 집단의 표식으로 사용
되어왔다. 그렇다면 팬 브랜드에 적합한 것은 시각적 상징일까 아니
면 글자일까? 당연히 시각적 상징이다. 팬 브랜드는 선망성 집단의
'표식'이기 때문이다. 브랜드의 팬이 된다는 것은 선망성 집단의 일
원이 된다는 것을 의미한다. 따라서 오래전부터 인간 사회에서 집단
의 표식으로 사용되어온 시각적 상징이 글자보다 선망성 집단의 표
식으로 사용하기에 적합하다고 볼 수 있다.

유럽 귀족들이 문장을 통해 자신의 신분을 표현했듯, 소비자들
은 브랜드를 상징하는 시각적 상징을 자신이 어떤 사람이라는 것을
드러내는 표시로 적극 사용한다. 게다가 브랜드를 상징하는 시각적
상징을 통해 소비자들은 자신과 같은 브랜드 팬을 빠르게 인식할 수
있고, 서로 유대감이나 동질감을 느낄 수도 있다. 또한 시각적 상징
은 상징성, 즉 의미를 담아낼 그릇이 될 수 있기 때문에 브랜드는 특
별한 의미가 있는 문양이나 색을 로고에 포함시키거나 마케팅 활동
을 통해 시각적 상징에 특별한 의미를 부여한다. 그리고 고객들은
그 시각적 상징을 통해 브랜드에 담겨 있는 의미를 경험하고, 이해
하고, 또 공감하게 된다.

여기에 더해 시각적 상징은 글자보다 쉽게 감정적 반응을 유발
한다. 브랜드가 시각적 상징에 감정적 가치를 부여하면 고객은 브랜

드 상징을 보는 것만으로도 기분이 좋아지거나 행복해진다. 스타벅스의 팬이 길에서 스타벅스 로고만 봐도 행복감을 느끼는 것은 바로 이런 이유 때문이다. 이런 점들을 고려할 때 팬 브랜드들이 글자가 아닌 시각적 상징을 브랜드 로고로 사용하고 있는 것은 결코 우연이 아니다.

한국에서는 왜 시각적 상징이 브랜드 로고로 잘 사용되지 않는가?

팬 브랜드를 꿈꾼다면 브랜드 이름보다는 브랜드의 시각적 상징을 통해 적극적으로 커뮤니케이션하는 것이 크게 도움이 된다. 그런데 브랜드를 만드는 과정을 살펴보면 유럽, 미국과 한국 사이에는 큰 차이가 있음을 발견하게 된다. 유럽이나 미국에서는 브랜드를 만드는 시점부터 시각적 상징을 중요하게 고려한다. 브랜드 이름을 정하면서 동시에 브랜드를 상징하는 기호를 만들어내는 것이다. 반면 한국 회사들은 이름은 중요하게 생각하지만 시각적 상징은 중요하게 보지 않는 경향이 있다. 시각적 상징을 만들지 않는 것은 아니지만 이름 주위의 장식이나 배경 정도로 여긴다. 이에 대해 설명하는 연구는 아직 보지 못했지만, 한국의 역사와 관련 있을 것으로 추측된다.

유럽에서 본격적으로 문장이 사용되기 시작한 것은 중세 시대

부터다. 중세 시대 초기, 유럽은 중앙집권적인 왕권 국가보다는 귀
족의 힘이 강하거나 여러 왕족으로 나라가 분열돼 있는 경우가 많았
다. 당연히 집단 간의 권력 다툼이나 전쟁이 많을 수밖에 없었고, 그
래서 집단에 대한 표식, 즉 문장을 사용하는 전통이 발달할 수밖에
없었다. 반면 한국은 일찍부터 중앙집권적 형태의 국가를 구성했기
때문에 사회 속에서 집단에 대한 표식을 사용할 필요성이 적었다.
일본의 경우, 유럽처럼 중앙집권국가가 늦게 등장해서 가문의 표식
인 '가몬家紋'을 그림 형태로 만드는 전통이 일찍부터 존재했다. 이러
한 역사적 배경의 차이가 현재 브랜드를 만드는 방법의 차이를 초래
했을 가능성이 있다.

문장의 전통을 가진 유럽 문화권에서는 브랜드를 만들 때 자신
들의 집단을 상징하는 문장을 중요하게 고려하지만, 한국에는 이런
전통이 없기 때문에 이름만 중요하게 여기는 것이다. 우리나라가 한
자 문화권에서 한글 문화권으로 바뀐 것의 영향도 있다. 한자는 글
자 안에 상징성을 담아내는 것이 가능하다. 글자이면서 동시에 그림
인 것이다. 그래서 한자를 사용할 때는 굳이 그림 형태의 상징이 필
요하다고 느끼지 못했을 수 있다. 반면 한글은 표음문자이기 때문에
의미를 담아내기 위한 시각적 상징이 별도로 필요한데도 불구하고
과거의 전통 때문에 그 필요성을 깨닫지 못하는 것으로 보인다.

그런데 같은 유럽 국가들 중 프랑스에선 문장 형태의 브랜드 로

고가 잘 사용되지 않는다. 한국처럼 브랜드 이름 자체가 브랜드 로고인 경우가 많다. 이 역시 프랑스의 역사적 배경과 관련 있다. 중세 시대에는 프랑스에서도 문장이 널리 사용됐다. 그런데 1790년 프랑스혁명이 발발했을 때, 의회에서 문장 사용을 금지했다. 당시 프랑스에서 문장은 귀족의 상징으로 여겨졌기 때문에 자유와 평등을 가장 중요한 가치로 내세운 프랑스혁명 때 문장을 없애버린 것이다. 그래서인지 프랑스에서는 시각적 상징보다는 글자 형태의 브랜드 로고가 많다.

이처럼 현대 사회에서 브랜드를 만드는 방식은 각 나라의 역사적 배경과 맞닿아 있다. 한국이나 중국같이 일찍부터 중앙집권적 형태의 국가를 형성한 나라에서는 브랜드를 만들 때 시각적 상징을 중요하게 고려하지 않는 경향이 있다. 하지만 팬 브랜드가 되기 위해서는 집단을 상징하는 표식이 필요하다. 지금부터라도 브랜드를 상징하고 의미를 담아낼 수 있는 시각적 상징을 만드는 것을 진지하게 고려해봐야 한다.

시각적 상징, 어떻게 만들 것인가?

브랜드가 집단의 표식으로 사용되는 데 가장 적합한 형태는 그림이다. 애플, 나이키, 스타벅스, 룰루레몬, 테슬라 등 팬 브랜드는 대부분 그림 형태의 로고를 브랜드 상징으로 사용하고 있다. **글자를 사용하는 경우에는 알파벳을 그림처럼 변형해서 사용**하는 것도 가능하다. 룰루레몬의 브랜드 상징(말발굽처럼 생긴 것)은 사실 알파벳 A를 그림처럼 표현한 것이다. 구찌나 루이뷔통, 에르메스Hermès 등 럭셔리 패션 브랜드들도 알파벳을 그림처럼 표현한 상징을 많이 사용한다. 알파벳이 그림처럼 표현될 경우, 소비자들은 이를 글자로 인식하기보다는 그림으로 인식하기 때문에 그림 로고와 비슷한 역할을 한다.

　브랜드의 시각적 상징은 멀리서도 쉽게 인식될 수 있어야 하고, 다른 브랜드의 상징과 충분히 차별성을 가져야 한다. 또한 형태적으로 상징성을 담고 있거나 담아낼 수 있어야 한다. 이런 관점에서 한국의 브랜드 로고들을 보면 대부분의 브랜드가 시각적 상징으로서 부적합하다는 사실을 쉽게 깨달을 수 있다. 단순한 글자의 나열이거나 시각적 상징을 사용하더라도 글자의 배경, 그것도 아무런 차별성이나 상징성 없는 기하학적 문양을 사용하기 때문이다. 이런 브랜드는 집단의 표식으로 사용되기 어렵다.

　팬 브랜드에 있어서 브랜드 로고는 단순히 상표가 아니라 집단의 표식이다. 소비자들에게 브랜드를 인식하게 해주는 장식품이 아니라 선망성 집단의 일원이라는 것을 느끼게 해주고 드러내게 해주는 사회적 표식인 것이다. 따라서 브랜드 로고를 디자인할 때는 상표를 만든다고 생각하지 말고 집단의 표식을 만든다고 생각해야 한다. 브랜드의 시각적 상징은 소비자들이 당당하게 자신의 몸에 새기고 다닐 수 있는 표식으로서의 가치를 가져야 한다. 브랜드가 사람들이 몸에 붙이고 다니는 집단의 표식이라면 어떤 모습이 되는 것이 좋을까? 노트북에 스티커로 붙일 수 있을 정도가 되려면 어떤 표식이 되어야 할까? 길을 가다가 매장이나 광고판에 붙어 있는 시각적 상징물을 보는 것만으로 기분이 좋아지거나 자부심이 느껴지게 하려면 어떤 표식이 좋을까? 이런 관점에서 접근하면 브랜드가 원하는 시각적 상징을 보다 쉽게 찾아낼 수 있을 것이다.

브랜드의 시각적 상징에서
브랜드 이름을 빼야 하는가?

이름 없이 상징만 사용하는 것이 표식으로서는 이상적이지만, 브랜드 이름을 꼭 빼야 하는 것은 아니다. 브랜드 인지도가 낮은 경우, 시각적 상징과 함께 브랜드 이름을 표기하는 것이 인지도를 높이는 데 도움이 될 수도 있다. 이런 경우, 처음에는 시각적 상징과 브랜드 이름을 함께 사용하다가 사람들이 시각적 상징에 친숙해지면(즉, 상징만 보고도 브랜드를 인식할 수 있게 되면) 그 시점에 이름만 제거할 수 있다. 스타벅스 외에도 많은 패션 브랜드가 이 같은 방식을 사용했다.

브랜드 이름이 독특한 필체(다른 브랜드와 명확하게 구분되는 필체)로 쓰이거나 브랜드 이름의 배경으로 차별성과 상징성이 강한 그림이 사용되는 경우에도 굳이 브랜드 이름을 빼야 할 필요는 없다. 필체나 배경이 상징적 의미를 지니고 있고, 충분히 차별적이며, 사람들에게 쉽게 인식되는 형태라면 집단의 표식으로서 역할할 수 있기 때문이다. 파타고니아가 이런 경우에 해당한다. 브랜드에 'Patagonia'라는 이름이 표기되지만 이름 뒤에 파란색, 오렌지색, 검정색으로 표현된 파타고니아 산맥(파타고니아는 아르헨티나에 실제 존재하는 지역의 명칭이다) 그림이 배경으로 사용된다. 이 그림은 브랜드 에센스의 상징성을 가지고, 가시성이 뛰어나며, 여타 브랜드 로고와 크게 다르기 때문에 집단의 표식으로 사용될 수 있다. 사람들은 파타고니아 로고를 볼 때 글자를 읽고 브랜드를 인식하는 것이 아니라 배경에 사용된 색상과 형태를 통해 브랜드를 인식한다. 이런 경우, 글자가 포함되는지 여부는 중요하지 않다.

대부분의 한국 브랜드는 브랜드 로고가 단순히 글자를 나열한 형태라는 것이 문제다. 글자를 쉽게 읽을 수 있지만, 형태적인 측면에서 상징성과 차별성을 가지고 있지 못한 것이다. 브랜드 이름을 로고에 포함시키더라도 이름이 단순히 글자로 인식되는 것이 아니라 로고 자체가 형태적 표식으로 인식되는 것이 중요하다.

브랜드 로고를 바꾸지 않고
표식을 만들 수 있는 방법이 있는가?

기존 브랜드의 경우, 브랜드 로고를 바꾸는 것은 무척 어려운 일이다. 브랜드 로고가 역사나 전통과 관련된 것일 수도 있고, 창업자가 손수 만든 것일 수도 있기 때문이다. 이런 경우에는 브랜드 로고가 아니라 디자인적 특성을 집단의 표식으로 사용할 수 있다. 다시 한번 강조하지만, 브랜드 로고에 시각적 상징이 필요한 이유는 집단의 표식으로 사용하기 위함이다. 이 말은 집단의 표식으로 사용할 수 있는 다른 무엇인가가 있다면 굳이 브랜드 로고를 사용할 필요가 없다는 뜻이기도 하다. **만약 브랜드가 고유한 디자인 요소, 즉 다른 브랜드와 충분히 차별화되며 브랜드의 상징으로 여겨지는 시각적 요소를 보유하고 있다면, 이를 집단의 표식으로 사용할 수 있다.**

버킨백으로 유명한 에르메스의 경우, 다른 럭셔리 브랜드와는 달리 브랜드 로고를 제품에 표기하지 않는다. 사실 에르메스의 시각적 상징은 마차를 끄는 신사의 모습으로, 집단의 표식으로 사용하기에는 적합하지 않다. 대신 버킨백 특유의 디자인이 집단의 표식으로 작동한다. 럭셔리 화장품인 라프레리La Prairie도 브랜드 특유의 뚜껑 모양이 표식 역할을 한다. 닥터마틴Dr.Martens은 노란색 스티치가, 애플은 아이폰과 애플와치의 베젤bezel 형태 자체가 브랜드 표식으로서 역할한다. 이처럼 다른 브랜드와 충분히 차별화된 디자인을 가지고 있는 경우에는 이 디자인 자체가 집단의 표식으로 사용된다. 다만 이런 경우 고유한 디자인이 말 그대로 브랜드 고유의 디자인이어야 한다. 즉, 다른 브랜드의 디자인과 유사성이 없어야 하며, 법적으로도 보호받을 수 있어야 한다. 이런 것이 가능하다면 굳이 브랜드 로고를 만들지 않아도 디자인 자체를 집단의 표식으로 사용할 수 있다.

시각적 상징이 오히려 해가 되는 경우도 있는가?

브랜드가 저가, 저품질 브랜드라는 인식이 강하게 형성되어 있으면 시각적 상징이 사회에서 저가, 저품질 제품을 사용하는 사람들의 표식 역할을 할 것이다. 소비자들은 그런 표식을 몸에 붙이고 다니고 싶어 하지 않는다. 이처럼 브랜드에 대한 인식이 좋지 않을 때는 브랜드에 상징적 요소를 담지 않는 것이 좋다. 이런 경우, 브랜드 이름이나 로고를 최대한 무미건조하고 눈에 띄지 않게 만들어야 한다. 가치 브랜드나 저가 브랜드들이 브랜드 로고에 시각적 상징을 사용하지 않는 것은 이 때문이다. 가격과 그에 상응하는 품질을 경쟁력으로 여기는 브랜드라면 사회적 표식이 되는 것을 피해야 한다. 브랜드 이름이나 로고뿐만이 아니다. 브랜드의 제품이 독특한 형태나 색을 띠는 것도 좋지 않다. 시각적으로 독특한 모든 것이 표식이 되기 때문이다.

　다시 한 번 강조하지만 모든 브랜드가 시각적 상징을 만들거나 이를 적극적으로 커뮤니케이션해야 하는 것은 아니다. 시각적 상징은 집단의 표식으로서 역할한다. 그렇기 때문에 상징성과 차별성을 가진 브랜드 로고가 필요한 것은 팬 브랜드, 즉 선망성 집단의 표식이 되려는 브랜드의 이야기다. 만약 자신의 지향점이 가치 브랜드에 있거나 브랜드가 선망성 집단의 표식이 될 수 없는 경우에는 굳이 시각적 상징이 필요하지 않다. 오히려 시각적 상징의 사용을 피하는 것이 전략적으로 더 나은 선택일 수도 있다.

취향, 에센스, 그리고
시각적 상징

지금까지 스파이크 현상을 만들어내기 위해 필요한 세 가지 요소인 취향, 브랜드 에센스, 그리고 시각적 상징에 대해 살펴보았다. 이 중 가장 중요한 것은 물론 스파이크 타깃의 취향을 완벽하게 만족시키는 것이다. 공감을 얻어내는 브랜드 에센스나 집단의 표식으로 사용될 수 있는 문장이 없어도 취향을 만족시키는 것만으로 스파이크 현상 자체를 만들어낼 수 있기 때문이다. 다만 이 두 가지 요소가 갖춰지면 브랜드 팬을 만드는 데 큰 도움이 된다. 브랜드 에센스는 스파이크 타깃의 반응이 더 오랫동안 지속되게 해주는 역할을 하고, 집단의 상징으로 사용될 수 있는 문장은 브랜드 팬을 확산시키는 데 도움이 되기 때문이다. 브랜드의 자원과 역량이 부족한 상태라면 스파이크 타깃을 정의하고 이들의 취향을 만족시키는 데 집중하고, 자원과 역량에 여유가 있다면 처음부터 이 세 가지 요소를 함께 준비하는 것이 이상적인 접근 방법이다.

3장

선망성 스파이크의
실행

SPIKE

3-1

선망성 스파이크
확장시키기

많은 마케터가 브랜드 팬을 만들기 위해 지금도 많은 노력을 하고 있지만 애초에 원하는 결과를 가져올 수 없는 노력인 경우가 많다. 브랜드 팬을 만들고 싶다면 마케팅을 더 열심히 하는 게 필요한 것이 아니다. 더 열심히 일하는 것이 아니라 제대로 일하는 것이 중요하다.

스파이크의 보조 장치

스파이크 전략은 스파이크 타깃의 열광적인 반응을 이끌어내 브랜드 팬을 만들어내는 방법이다. 선망성 집단에서 스파이크가 발생하면 브랜드가 선망성 집단의 표식으로 인식되고, 이 표식을 원하는 사람들이 브랜드의 팬이 되면서 브랜드 팬이 만들어진다. 스파이크 전략이 성공하기 위해서는 첫째 브랜드가 타깃으로 하는 선망성 집단에서 스파이크 반응이 강하게 발생해야 하고, 둘째 스파이크 반응이 사람들에게 알려져야 한다.

이론적으로는 브랜드의 모든 것이 스파이크 타깃의 취향과 선호에 정확하게 적중하면 이 두 가지 조건이 저절로 충족되겠지만, 현실에서는 예상치 못한 장벽에 부딪칠 수도 있다. 예를 들어, 스파이크 타깃의 취향과 선호를 가장 잘 충족시켜주는 제품을 출시해도 소비자들이 제품의 존재를 모를 수 있다. 그러면 스파이크 반응이 강하게 발생하지 않는다. 또한 스파이크 반응이 발생해도 나머지 소비자들이 그에 대해 모를 수 있다. 그러면 팬이 빠르게 만들어지지 않는다. 이러한 위험 요소들을 최소화하려면 스파이크 전략을 성공시키기 위한 추가적인 장치가 필요하다. 지금부터 스파이크의 보조 장치들에 대해 살펴보겠다.

스파이크 생성 보조 장치 - NFS 아이템

스파이크 전략을 실행할 때 가장 중요한 것은 브랜드의 모든 것을 스파이크 타깃의 취향과 선호에 맞추는 것이다. 그런데 브랜드가 이런 제품을 선보여도 스파이크 타깃이 제품의 존재를 모를 수도 있고, 이미 다른 브랜드의 팬이 된 상태여서 당신의 브랜드에 관심을 갖지 않을 수도 있다. 이럴 때 사용되는 장치가 NFS 아이템이다. NFS 아이템이란 '낫 포 세일Not For Sale', 즉 판매되지 않는 특별 제품을 의미한다. 스파이크 반응을 만들어내려는 브랜드는 초기에 강한 스파이크 타깃의 반응을 이끌어내고 이들을 브랜드의 팬으로 만들기 위해 이들만을 위한 특별 한정판을 만들어 제공할 수 있다. 이것이 바로 NFS 아이템이다.

NFS 아이템은 스파이크 타깃 중에서도 사회적 인지도와 영향력이 큰 소수의 사람들에게 제공된다. 그래서 일반 소비자들은 그 존재 자체를 모르는 경우가 많다. 하지만 많은 팬을 보유한 브랜드들 중에는 소수의 스파이크 타깃만을 위한 NFS 아이템을 제공하는 경우가 적지 않다. NFS 아이템을 판매용 제품에 멋진 포장을 입혀 놓은 선물 세트 정도로 생각해서는 안 된다. 지금도 수많은 브랜드가 신제품이 나오면 선물용 세트를 만들어서 일부 고객들에게 무료로 제공하고 있지만, 이렇게 한다고 해서 스파이크 반응이 만들어지지는 않는다. NFS 아이템이 스파이크 반응을 촉발시키는 장치가 되기 위해서는 아이템을 받는 사람이 크게 감동받아 자발적으로 자신이 제품을 사용하는 모습을 세상에 드러내고 싶게 만들어야 한다. 이들의 마음을 얻어낼 만큼 높은 완성도를 가져야 스파이크 반응을 발생시키는 보조 장치가 될 수 있다.

NFS 아이템의 대표적인 사례가 비츠Beats다. 비츠는 힙합 뮤직 프로듀서인 닥터 드레Dr.Dre와 지미 아이오빈Jimmy Iovine이 만든 헤드폰 브랜드로 2008년 출시되자마자 젊은이들 사이에서 인기몰이를 하며 2014년 애플이 30억 달러(애플 역사상 최대 규모의 인수 계약이다)에 인수할 정도로 단기간에 큰 성공을 거뒀다. 비츠의 헤드폰 역시 초기에 강한 스파이크 반응이 발생했는데, 이런 반응을 만들어내기 위해 비츠가 사용한 것이 바로 NFS 아이템이다. 비츠는 초기 전략으로 닥터 드레, 지미 아이오빈과 친분 있는 운동선수와 뮤지션들에게 각자의 개성에 맞게 커스팀된 헤드폰을 만들어서 보내줬다. 세상에 하나밖에 없는 헤드폰, 그것도 그들의 개성과 취향을 완벽하게 반영한 헤드폰을 만들어준 것이다. 만약 어떤 브랜드에서 당신의 개성을 그대로 반영한 특별 제품을 만들어서 보내준다면 어떨까? 엄청난 감동을 느낄 뿐만 아니라 그 제품을 늘 가지고 다니면서 사람들에게 보여주고 싶어질 것이다. 실제로 비츠의 헤드폰을 선물 받은 운동선수와 뮤지션들은 아무런 대가도 받지 않았는데도 불구하고 일상 생활 속에서, 그리고 언론과 인터뷰할 때도 비츠의 헤드폰을 착용하곤 했다. 그 결과, 곧바로 강한 스파이크 반응이 나타났다.

많은 브랜드가 제품을 출시할 때 홍보용 제품을 별도로 제작해서 유명인이나 인플루언서들에게 나눠주곤 한다. 하지만 이런 제품들은 대부분 판매용 제품에 포장만 그럴싸하게 입혀놓는 것들에 불과하다. 이런 제품으로는 이들의 마음을 얻기 어렵다. NFS 아이템을 사용하는 목적은 단순한 홍보를 위한 것이 아니라 스파이크 반응을 발생시키기 위한 것이다. 스파이크 반응을 만들어내기 위해서는 받는 사람이 자발적으로 브랜드의 팬이 될 정도로 NFS 아이템이 특별해야 한다.

여기에 더해 NFS 아이템을 받는 사람을 선정하는 데도 주의해야 한다. 반드시 유명인일 필요는 없다. 하지만 사회 속에서 선망성을 가진 사람이어야 하며, 다른 사람들에게 노출되는 빈도가 높은 사람이어야 한다. 아무리 유명한 사람이더라도 선망성이 부족하거나 노출도가 적은 사람은 스파이크 반응을 만드는 데 도움이 되지 않는다. 반대로 유명인은 아니지만 선망성이 강하고 SNS를 적극적으로 사용하거나 많은 모임에 참석하는 사람이라면 스파이크 반응을 만드는 데 도움이 될 수 있다.

NFS 아이템을 단계적으로 사용하는 것도 고려해볼 수 있다. 완성도 높은 NFS 아이템을 만든다고 해서 받는 사람이 모두 브랜드의 팬이 되는 것은 아니다. 이들 중에도 강한 반응을 보이는 사람들이 있다. 브랜드에 중요한 것은 제공 받은 아이템에 크게 만족하고 주위에 계속 노출시키는 사람이다. 1차적으로 NFS 아이템을 제공한 뒤, 강한 반응을 보이는 사람들을 빠르게 파악할 필요가 있다. 그리고 이들을 위해서 2차 아이템을 만들어서 제공하면 스파이크 반응을 더 확실하게 만들어낼 수 있다. 1차 아이템은 전략적으로 중요한 사람을 파악하기 위해 사용하고, 2차 아이템으로 스파이크 반응을 만들어내는 2단계 전략을 사용하는 것이다.

스파이크 확산 보조 장치 _ 스파이크 크루

스파이크 반응을 확산시키는 또 하나의 장치는 일반인을 활용하는 것이다. 최근 브랜드 가운데 일반인을 모집해서 이들에게 브랜드 홍보대사 역할을 맡기는 경우가 많다. 이런 일반인을 브랜드 서포터, 앰버서더, 크루 등의 이름으로 부른다. 그런데 마케터가 브랜드 서포터나 크루를 모집하는 기준을 살펴보면 브랜드에 대한 팬심, 이전 구매량, SNS 활동 정도 등을 확인할 뿐, 이들이 사회 속에서 선망성을 가진 사람인지 여부는 고려하지 않는다. 그러나 스파이크 전략에 따르면 브랜드 서포터나 크루를 선택할 때는 거의 유일한 한 가지 기준이 반드시 적용되어야 한다. 바로 이들이 스파이크 집단의 일원이어야 한다는 것이다. 이런 점에서 이들을 스파이크 크루라고 부를 수 있다.

기존 방식으로 선발된 크루를 예로 들어보자. 대부분의 브랜드가 브랜드 홍보 활동에 강한 의욕을 가지고 있고, 제품 구매 이력이 많으며, SNS에 지속적으로 사진을 올리는 사람을 크루로 선발한다. 이들에게 제품을 무료로 제공하고, 이벤트에 초대하기도 한다. 소정의 활동비를 제공하는 경우도 있다. 그런데 만약 이 사람이 스파이크 집단의 일원이 아니라면 어떨까? 아무리 이들이 브랜드 홍보 활동을 열심히 하더라도 브랜드가 선망성 집단의 표식으로 인식되지 못하고 브랜드 팬이 확산되는 데도 도움이 되지 않을 것이 분명하다. 실제로 브랜드가 모집한 서포터와 크루들의 팬심은 강화되지만 브랜드 팬은 확산되지 않는 일이 너무 흔히 발생하고 있다. 서포터나 크루를 모집해본 경험이 있는 마케터라면 잘 알고 있는 사실이다.

스파이크 전략의 핵심은 브랜드가 선망성 집단의 표식이 되게 하는 것이다. 그러기 위해서는 브랜드를 홍보하는 역할을 맡은 일반인들 자체가 선망성 집단의 일원이어야 한다. 많은 크루를 모집하고 이들의 팬심을 키우는 게 중요한 것이 아니다. 모든 크루 멤버가 브랜드를 선망성 집단의 표식으로 인식되게 하는 데 도움이 되는 사람이어야 한다. 단순히 SNS에 브랜드를 노출시키는 것이 목적이라면 홍보 활동에 높은 열의를 가진 사람을 크루로 모으는 것이 옳은 선택이다. 하지만 브랜드 팬을 만들고 싶다면 크루 멤버 한 명 한 명이 어떤 사람인지가 중요하다.

이런 스파이크 크루를 모집하는 게 어렵게 느껴질 수도 있지만, 이런 방식으로 크루를 모집하는 브랜드가 있다. 브랜드 이름을 밝히기는 어렵지만, 모두가 잘 알고 있는 글로벌 브랜드다. 이 브랜드는 크루가 된 사람들에게 할인 쿠폰을 제공한다. 그런데 이 쿠폰은 자신이 사용하는 것이 아니라 자신의 주변 사람에게 제공하는 쿠폰이다. 즉, 이들을 브랜드와 소비자 사이의 매개자로 활용하는 것이다. 크루로 선정된 사람들을 보면, 이 브랜드가 선정한 스파이크 타깃에 정확하게 일치하는 사람들뿐이다. 나 같은 사람은 이 브랜드에서 아무리 많은 제품을 구입해도(실제로 난 이 브랜드의 제품을 많이 구입하고 있다) 크루로 선발해주지 않는다. 나라는 사람이 이들이 정의한 스파이크 타깃에 해당하지 않기 때문이다. 대부분의 사람들은 이 브랜드에 이런 크루가 존재한다는 것 자체를 모르기 쉽다. 브랜드가 크루의 존재 자체를 언급한 적이 없으며, 언론을 통해 기사화된 적도 없기 때문이다. 하지만 이 브랜드의 크루들은 지금 이 시간에도 자신의 주변 사람들(이들의 주변인도 마찬가지로 스파이크 집단의 일원일 가능성이 높다)에게 할인 쿠폰을 제공하며 브랜드가 선망성 집단의 표식이 되는 데 큰 역할을 하고 있다.

무신사도 이러한 선망성 크루를 활용하고 있다. 바로 무신사 스냅이라는 서비스다. 무신사 스냅은 일반인이 옷을 입고 찍은 사진으로, 제품을 구경할 때 제품 정보와 함께 화면에 나타난다. 지금은 누구나 무신사 스냅에 사진을 올릴 수 있지만, 초기에는 무신사가 직접 선정한 사람들만 스냅에 사진을 올릴 수 있었다. 그리고 무신사 스냅에 사진을 올리는 사람들은 하나같이 몸매가 좋고 스타일이 좋은 사람들뿐이었다. 무신사라는 브랜드가 선망성 집단의 표식이 되는 데 도움이 되는 사람들에게만 스냅을 공개한 것이다. 나 같은 사람은 무신사에서 구매 후기란밖에 사진을 올릴 수 없다(현재 무신사의 스냅은 모든 사람에게 공개되어 있고, 나도 스냅사진을 몇 장 올려놓은 상태다. 하지만 이런 개방성은 스파이크 전략 관점에서 보면 바람직한 선택이 아니다). 스냅에 사진을 올릴 수 없는 일반인으로서는 불만족스러울 수도 있지만, 이런 장치 덕분에 무신사가 선망성 집단의 표식이 되고, 많은 브랜드 팬을 만들어낼 수 있었다.

인플루언서 마케팅과
스파이크 크루는 무엇이 다른가?

최근 대부분의 브랜드가 제품 홍보를 위해 인플루언서 마케팅을 실시하고 있다. 팔로워가 많은 유튜버나 SNS, 블로그 사용자들에게 제품과 홍보비를 제공하고 브랜드에 대해 좋은 이야기를 하게 하는 것이다. 팔로워가 많은 인플루언서들은 브랜드의 스파이크 타깃에 해당할 가능성이 높다. 하지만 이들은 스파이크 반응이 확산되는 데 큰 도움이 되기 어렵다. 이들의 활동 자체가 브랜드 중심이 아니라 제품 중심으로 이뤄지기 때문이다.

많은 인플루언서들에게 홍보 활동은 그 자체가 직업이다. 즉, 홍보를 통해 돈을 버는 경우가 많다. 따라서 이들은 최대한 다양한 브랜드와 좋은 관계를 유지하려 하고, 특정 브랜드를 편애하는 모습을 보이기보다는 제품 중심으로 홍보 활동을 한다. A 브랜드 제품을 홍보하다가도 B 브랜드 제품을 홍보하는 것이다. 특정 브랜드의 제품만 다루는 것보다 여러 브랜드의 제품을 다루는 것이 조회 수와 팔로워 수 증가에 도움이 된다는 실질적인 이유도 있다. 이들은 제품 중심으로 활동할 수밖에 없기 때문에 하나의 브랜드에 강한 애정을 보이려고 하지 않는다. 그래서 아무리 이들이 스파이크 집단의 일원이라 하더라도 브랜드 팬을 만드는 데는 도움이 되지 않는다. 팔로워가 적을 때는 특정 브랜드에 충실한 모습을 보이다가 팔로워가 증가하면 변하는 경우도 많다.

인플루언서에게서 진심이 느껴지지 않는다는 것도 문제다. 홍보비를 받고 제품에 대해 좋은 이야기를 하면서 이들은 연기를 한다. 과거에는 사람들이 인플루언서의 연기를 연기라고 인식하지 못했다. 이들이 하는 모든 말이 진심이라고 믿었다. 하지만 홍보성 콘텐츠가 너무 많아지고, 콘텐츠 내용이 너무나 유사해지면서 이제 사람들은 이들의 말과 행동이 연기라는 것을 알아채버렸다. 게다가 뒷광고 문제가 사회적 이슈가 되고, 광고나 협찬 표기가 의무화되면서 홍보성 콘텐츠에 사람들이 경계심을 갖게 되기도 했다. 그렇다 보니 최근에는 오히려 제품들에 대해 좋은 이야기보다 비판적인 이야기를 하는 인플루언서가 좋은 반응을 얻기도 한다.

그렇다고 인플루언서를 활용하는 게 나쁜 것은 아니다. 이들 중에서 진심으로 브랜드의 팬인 사람을 찾을 수만 있다면, 이들처럼 좋은 스파이크 크루는 없을 것이다. 이런 인플루언서를 찾아내는 것은 생각보다 어렵지 않다. 인플루언서들 중에서 유튜브 방송을 하다가 특정 브랜드에 애착을 표현하는 경우가 종종 있다. 아직 팔로워 수가 많지 않은 인플루언서일수록 그런 경우가 많다. 해당 브랜드의 협찬을 받기 위해 일부러 그렇게 말하는 경우도 있지만, 그런 것은 중요하지 않다. 이런 인플루언서를 찾아 이들과 적극적으로 상호작용하고 협력하면서 이들을 브랜드의 열성적인 팬으로 만들어야 한다. 이들이 더 유명해지더라도 브랜드의 열성 팬으로 남아 있게 만드는 것이다. 물론 이렇게 하는 것은 마케터에게 많은 시간과 노력을 요구하는 일이지만, 이들이 브랜드의 팬으로 남아 있다면 이들을 중심으로 브랜드 팬이 빠르게 확산될 수 있다.

스파이크 확산 보조 장치 _ 스파이크 매장

매장도 스파이크 반응을 확산시키는 중요한 보조 장치로 활용할 수 있다. 다만 중요한 조건이 있다. 매장을 방문하는 사람들이 스파이크 타깃에 해당해야 한다는 점이다. 만약 매장이 스파이크 타깃이 아닌 사람들로 가득 차면 기존에 브랜드에 열광했던 스파이크 집단은 실망해서 브랜드를 떠나버려 브랜드가 선망성 집단의 표식으로 인식되기 어려울 것이다.

실제로 한때 스타벅스에서 이런 일이 발생했다. 2010년대 중반 한국의 리테일 전문가들 중에는 스타벅스가 끝났다고 이야기하는 사람들이 적지 않았다. 스타벅스에서 커피를 마시는 사람들이 젊고 세련된 사람들에서 나이 많은 중장년층 고객들로 바뀌고 있었기 때문이다. 스타벅스 팬이라면 잘 이해할 것이다. 어느 날 스타벅스를 방문했더니 매장에 나 같은 장년층 사람들이 모여서 시끄럽게 대화를 나누고 있다면 어떻게 느낄까? 아마도 스타벅스에 다시 오기 싫어질 것이다. 다행히 스타벅스는 기존 매장보다 더 고급화된 리저브 매장을 선보이며 선망성 집단을 다시 불러오는 데 성공했지만 2010년대 중반 스타벅스 매장을 찾는 사람들이 다양화되었던 것은 사실이다.

브랜드 매장이 있다면 어떤 사람들이 매장을 방문하는지가 브랜드 팬을 만드는 데 중요한 역할을 한다. 하지만 많은 마케터가 이점을 잘 이해하지 못한다. 최근 독특한 콘셉트의 경험 매장을 선보이는 브랜드가 많아지고 있다. 그런데 경험 매장의 목적이 많은 방문객을 모으고 많은 SNS 게시물을 얻어내는 것이라고 생각하는 경우가 많다. 단순히 브랜드나 제품 홍보가 목적이라면 상관없지만, 팬을 만들려는 브랜드라면 목적 자체를 잘못 설정한 것이다. **매장이 다양한 사람들로 북적이는 관광지가 되면 브랜드가 선망성 집단의 표식이 될 수 없기 때문이다.**

그렇다면 어떻게 해야 스파이크 타깃에 해당하는 사람들을 오게 만들 수 있을까? 가장 중요한 것은 역시 취향과 선호다. 매장 콘셉트의 방향성 자체가 스파이크 타깃의 취향과 선호에 맞춰져야 한다. 이들의 취향과 선호가 평균점에 해당하는 소비자들의 그것과 다르면 다를수록 효과적이다. 일반 소비자들에게는 낯설거나 이상하게 느껴질 수도 있지만, 그렇기 때문에 효과적이다. 젠틀몬스터 Gentle Monster 매장이 이런 경우에 해당한다. 젠틀몬스터 매장은 일반인에게 모든 것이 낯설고 이상한 곳일 뿐이다. 하지만 젠틀몬스터가 타깃으로 하는 집단의 취향에는 너무 잘 맞는 곳이다. 이러한 차이가 자연스럽게 스파이크 타깃을 매장으로 이끌고, 일반 소비자들은 매장에 들어오지 못하게 만든다.

최근 스타벅스 매장에 소파가 많아진 것도 우연이 아니다. 다른 매장과 비교했을 때, 스타벅스 매장에는 혼자 있거나 조용히 커피를 마시기에 편안한 의자가 많다. 여러 명이 서로 얼굴을 맞대고 왁자지껄하게 수다를 떨기에 적합한 4인용 식탁 형태가 적은 것이다. 이러한 간단한 장치가 스타벅스 매장에 맥북과 에어팟을 가져와서 혼자 공부하거나 책 한 권을 들고 와서 우아하게 커피를 마시며 독서하려는 사람들을 모이게 하고, 오랜만에 모여서 수다를 떨고 싶은 사람들을 들어오지 못하게 만들고 있다.

젊은 세대를 타깃으로 하는 브랜드라면 어두운 조명, 시끄러운 음악, 그리고 강한 실내 향을 사용할 수 있다. 클럽 문화에 친숙한 젊은 세대라면 어두컴컴한 조명, 시끄러운 음악, 강한 향수 냄새에 친근감을 느끼지만, 나이 많은 사람들은 이런 것들에 본능적으로 거부감을 느낄 것이다. 이는 실제로 애버크롬비앤피치Abercrombie&Fitch가 사용했던 전략이다. 애버크롬비앤피치는 스파이크 타깃을 학교에서 가장 인기 있는 아이들로 정하고, 이런 아이들만 매장을 방문하기를 원했다. 이러한 목적을 달성하기 위해 매장을 클럽처럼 꾸미고 실제로 자신들의 스파이크 타깃들만 매장에 넘쳐나게 만드는 데 성공했다. 2010년대 초반 애버크롬비앤피치 매장을 처음 방문했을 때 매장 문 안쪽으로 한 발짝 발을 내딛는 순간, 본능적으로 여기에는 내가 살 만한 옷이 없을 것이라고 느끼고 발길을 돌린 기억이 생생하다.

많은 마케터가 경험 매장에서 가장 중요한 것은 방문객과 SNS 노출이라고 생각한다. 그래서 매장을 선보인 후 프로모션을 통해 보다 많은 사람들이 매장을 방문하게 만들고 방문객 수와 SNS 노출 횟수를 보면서 자신의 업적을 스스로 칭찬하곤 한다. 하지만 아무리 많은 방문객 수와 SNS 노출을 얻어도 매출은 증가하지 않고 브랜드 팬도 늘어나지 않는다. 회사에는 매장 효과가 나타나는 데는 시간이 걸리는 법이라고 설명하지만, 시간이 지나도 달라지는 것은 없다. 홍보가 목적인 팝업 스토어라면 방문객 수와 SNS 노출이 성과의 기준이 되겠지만, 팬을 만들려는 브랜드에 방문객 수와 SNS 노출은 아무런 의미가 없다. 중요한 것은 어떤 사람들이 매장을 방문하는지에 대한 사람들의 인식이다.

한국 전자제품 회사가 새로 선보인 경험 매장에서 수십년 전의 모습 그대로 재현해냈더니 매장을 찾은 노부부가 감동해서 고마움을 표시했다는 일화가 있다. 이 회사는 이 일화를 경험 매장의 성공 사례라고 소개했지만, 스파이크 전략 관점에서는 크게 우려되는 일이다. 노부부가 찾아와서 고마움을 표시하는 곳을 만드는 브랜드는 절대로 선망성 스파이크를 만들어내지 못할 것이기 때문이다. 공교롭게도 이 브랜드의 경우, 내가 직접 진행한 브랜드 팬 조사에서 500명의 대학생들 중 브랜드의 팬이라고 말하는 사람이 단 한 명도 없었다.

더 열심히 일하지 말고 제대로 일해야 한다

지금까지 스파이크 반응을 확산시키는 데 도움이 되는 다양한 장치들을 살펴보았다. 스파이크 반응을 확산시키기 위해 이런 장치들이 반드시 필요한 것은 아니다. 가장 이상적인 것은 제품과 서비스만으로 자연스럽게 스파이크 반응을 발생시키고 브랜드 팬이 확산되게 만드는 것이다. 하지만 이런 장치들은 분명 도움이 되며, 실제로 많은 팬을 보유한 브랜드들이 은밀하게 사용하고 있는 방법이기도 하다. 또한 당장 사용하지 않더라도 이 장치들을 제대로 이해하면 지금 실시하고 있는 많은 마케팅 활동이 사실은 브랜드 팬을 만드는 데 아무런 도움이 되지 않는다는 것을 쉽게 깨달을 수 있을 것이다.

사실 내가 가장 안타깝게 생각하는 것이 바로 이 부분이다. 많은 마케터가 브랜드 팬을 만들기 위해 지금도 많은 노력을 하고 있지만 애초에 원하는 결과를 가져올 수 없는 노력인 경우가 많다. 브랜드 팬을 만들고 싶다면 마케팅을 더 열심히 하는 게 필요한 것이 아니다. 더 열심히 일하는 것이 아니라 제대로 일하는 것이 중요하다.

3-2

선망성 스파이크
유지하기

브랜드에는 수요를 다양한 사람들에게로 확대시키면서도 동시에 스파이크 타깃을 계속 팬으로 남아 있게 만드는 장치가 필요하다. 바로 이들과 인간적으로 친밀한 관계를 형성하는 것이다.

스파이크 현상이 유지되어야
브랜드가 표식이 된다

스파이크를 발생시키려는 목적은 브랜드를 선망성 집단의 표식으로 자리 잡게 하려는 것이다. 스파이크가 발생하더라도 선망성 집단에서 스파이크가 유지되지 않으면 브랜드는 선망성 집단의 표식이 되지 못하거나 그 지위를 상실하게 된다. 여기에 스파이크 전략과 제품 유행의 중요한 차이점이 있다. 골든구스의 사례처럼 하나의 제품이 선망성 집단에서 단기간 동안 사랑받는 일은 자주 발생한다. 하지만 선망성 집단의 관심이 다른 브랜드의 제품으로 넘어가면 이 제품은 사회 속에서 반짝 유행하고 그 생명이 끝나버리게 된다. 브랜드가 선망성 집단의 표식으로 자리매김하기 위해서는 선망성 집단이 하나의 제품이 아니라 브랜드 자체를 사랑하게 해야 한다. 그래야 이들의 스파이크 반응이 오랜 기간 유지되고, 브랜드가 이들을 상징하는 표식이라는 의미를 갖게 된다.

스파이크 타깃을
지속적으로 만족시켜라

하나의 제품으로 스파이크 타깃을 지속적으로 만족시키는 것은 불가능하다. 이들이 계속 브랜드의 지지자로 남아 있게 하려면 이들의 취향과 선호를 만족시켜주는 제품이 지속적으로 나와야 한다. 이들로 하여금 그 어떤 브랜드도 당신의 브랜드를 대체할 수 없다고 생각하게 만들어야 한다. 이들의 취향과 선호가 변화할 때마다 이에 맞춰서 제품과 서비스도 변화해야 한다. 브랜드가 늘 스파이크 타깃을 염두에 두고 이들을 위해 존재해야 하는 것이다.

스타벅스는 이런 작업을 성공적으로 해낸 사례 중 하나다. 스타벅스는 일찍이 20~30대 세련된 젊은이들에게 사랑받는 브랜드로 자리 잡았다. 하지만 시간이 지나면서 이용자 층이 다양해졌고, 스타벅스가 가져온 커피 산업의 제2의 물결(표준화되고 정형화된 커피 경험의 유행)에 스파이크 타깃이 지겨움을 느끼기 시작했다. 커피 시장의 스파이크 타깃이 매장에서 직접 원두를 로스팅하고 바리스타가 직접 드립 커피를 만들어주는 스페셜 티 커피 매장으로 이동하기 시작한 것이다(이를 커피 산업의 제3의 물결이라고 부른다). 이런 변화가 나타나면서 스타벅스는 선망성 집단의 표식으로서 그 지위를 잃을 위험에 처했다. 이때 등장한 것이 스타벅스 리저브 매장이다. 매장에서 원두를 직접 로스팅하고 숙련된 바리스타가 커피를 만들어주는 경험을 제공해서 스페셜 티 커피 매장으로 옮겨가는 스파이크 타깃을 다시 한번 스타벅스의 팬으로 남아 있게 만들었다. 만약 스타벅스가 리저브 매장을 선보이지 않고 원래 매장을 그대로 유지했다면 선망성 집단의 표식 지위를 잃어버리고 여느 커피 브랜드의 하나로 전락했을지도 모른다. 실제로 많은 커피 브랜드가 초기에 스파이크 반응을 만들어내고도 이를 유지하지 못해 팬 브랜드의 지위를 상실하는 모습을 보였다. 커피빈과 투썸 모두 이런 경우에 해당한다.

아디다스의 삼바Samba는 스파이크 반응이 유지되느냐 그렇지 못하느냐의 경계선에 있는 경우다. 이 운동화는 1949년 축구 선수들이 딱딱한 바닥에서 연습할 수 있도록 만들어졌다. 역사가 오래된 만큼 누적 판매량은 많지만 선망성 집단의 표식 지위를 갖지는 못했다. 하지만 최근 미국의 유명 모델 벨라 하디드Bella Hadid가 일상 속에서 삼바를 신고 다니는 모습이 자주 목격되고, 한국에서는 블랙 핑크의 제니가 삼바를 신고 다니는 모습이 목격되면서 단숨에 스파이크 반응이 발생했다. 스타일 좋은 패션 피플들에게 사랑받는 신발이 된 것이다. 이런 스파이크 반응은 이 운동화의 많은 팬을 만들어냈다. 하지만 중요한 것은 지금부터다. 만약 선망성 집단이 삼바에 싫증을 느끼고 다른 브랜드의 운동화를 채택하기 시작하면 아디다스는 선망성 집단의 표식 지위를 얻지 못하고, 아디다스의 팬도 늘어나지 않게 될 것이다. 반대로 이들이 아디다스의 다른 운동화를 선택하면 아디다스는 사회 속에서 선망성 집단의 표식으로 자리 잡고 아디다스의 팬은 빠르게 늘어날 것이다.

스파이크 반응이 유지되기 위해서는 브랜드가 지속적으로 선망성 집단의 마음을 얻어야 한다. 제품이 아니라 브랜드를 사랑하게 만들어야 하는 것이다. 이를 위해서는 선망성 집단의 취향과 선호가 변화함에 따라 이에 맞는 제품을 지속적으로 출시해야 한다. 동시에 브랜드 에센스를 유지해야 한다. 브랜드 에센스는 브랜드의 모든 활동에 나침반 역할을 하며 브랜드만의 고유한 개성과 매력을 만들어낸다. 브랜드 에센스가 변하면 브랜드가 가진 차별성과 매력이 사라지고 제품만 남게 된다. 브랜드 에센스에 공감하고 매력을 느낀 스파이크 집단도 브랜드를 떠나게 된다. 브랜드 고유의 에센스를 유지하면서 지속적으로 스파이크 집단의 취향과 선호를 만족시켜주는 것이 스파이크 반응을 유지하는 핵심이다.

타깃을 아래로 넓히지 마라

대다수의 브랜드는 양적 성장을 위해 타깃을 넓히려는 경향을 보인다. 이를 위해 고객을 여러 집단으로 세분하고 각 타깃에 맞는 제품과 서비스를 제공해서 브랜드의 이익을 극대화한다. 이런 전략은 마케팅 원론에서 중요하게 다뤄지는 것으로, 많은 마케터들이 마케팅의 기본으로 생각하는 것이기도 하다. 하지만 이러한 세분화 전략은 브랜드 팬을 만드는 데 있어 큰 문제를 야기할 수 있다. 브랜드가 선망성 집단의 표식 지위를 잃어버릴 수도 있기 때문이다.

스파이크 반응이 발생하는 선망성 집단은 취향과 선호에 있어서 상당한 유사성을 갖는다. 반면 스파이크 반응이 확산되어야 하는 일반 소비자의 취향과 선호는 다양하기 마련이다. 이들의 취향과 선호에 대응하기 위해 브랜드가 다양한 성격의 제품과 서비스를 내놓는다면 어떤 일이 발생할까? 당장은 매출이 증가할 것이다. 스파이크 타깃이 아닌 사람들 사이에서 구매가 늘어나기 때문이다. 하지만 스파이크 집단에서는 어떤 일이 생길까? 더 이상 이 브랜드가 자신을 위한 브랜드라고 느끼지 않게 되어서 브랜드를 떠나게 된다. 그 결과, 힘들게 구축한 '선망성 집단의 표식'이라는 의미를 상실하게 된다. 패션 피플들 사이에서 많은 팬을 보유하고 있는 자라가 어느 날부터 다양한 한국인의 체형에 맞는 옷을 만들어내고 일상에서 편하게 입을 수 있는 옷을 선보이기 시작한다면 브랜드에 어떤 일이 생길지 너무나 자명하다.

이런 현상이 발생한 대표적인 사례가 마켓컬리다. 마켓컬리는 초기 서울 강남에 거주하는 30~40대 직장 여성들 사이에서 스파이크 반응이 발생하면서 선망성 집단의 표식으로서 가치를 갖게 되었다. 하지만 어느 순간부터 가입자를 늘리기 위해 스파이크 타깃이 아닌 다양한 사람들을 위한 제품을 선보였고, 그 시점부터 스파이크 집단의 이탈이 생기기 시작했다. 그리고 이와 함께 마켓컬리의 팬임을 자처하는 사람들도 사라지기 시작했다. 가입자 수나 매출액 등

양적 성장이라는 결과를 가져왔지만, 브랜드의 팬은 줄어드는 결과
가 나타난 것이다. 마켓컬리의 지향점이 쿠팡이나 이마트 같은 가치
브랜드가 되는 것이라면 옳은 방향의 전략적 선택이겠지만 팬 브랜
드를 지향한다면 잘못된 전략임이 분명하다. 최근 들어 마켓컬리는
다시 스파이크 타깃에게 집중하는 모습을 보이고 있다.

　무신사도 이런 경우에 해당한다. 무신사의 초기 모습은 스파이
크 전략의 교과서라 불러도 무방할 정도로 스파이크 반응을 제대로
만들어냈다. 그 결과, 무신사라는 브랜드가 선망성 집단의 표식으로
자리 잡을 수 있었다. 문제는 무신사 스탠다드에 있다. 무신사 스탠
다드는 가장 보편적인 스타일의 옷을 최대한 저렴하게 판매하는 것
을 추구하는 무신사의 자체 브랜드다. 스타일과 포지셔닝에 있어서
유니클로와 상당히 유사하다. 무신사 스탠다드는 무신사의 양적 성
장에 절대적으로 크게 기여했지만, 무신사의 스파이크 타깃과는 가
장 거리가 먼 옷을 내놓는다. 무신사 스탠다드가 성공할수록 선망성
집단의 표식으로서 무신사의 지위는 낮아질 수밖에 없다. 한 방송에
서 '무신사 냄새난다'라는 표현을 사용한 것이 결코 재미를 위한 농
담만은 아닐 것이다.

　세분화 전략이 무조건 잘못된 것은 아니다. 중요한 것은 브랜드
의 방향성이다. 스파이크 타깃의 취향과 선호에 맞추려는 방향성을
계속 유지하는 가운데 세분화 전략을 사용할 수도 있다. 가령, 유사

한 취향과 선호를 가진 사람들 중에도 라이프스타일과 구매력에 차이가 있을 수 있다. 이런 경우, 브랜드가 담아내는 취향과 선호는 유지하면서 라이프스타일이나 구매력에 따라 다양한 제품과 서비스를 선보일 수 있다. 가령, 스포츠카를 주로 생산하는 럭셔리 자동차 브랜드에서 SUV를 내놓는다거나 럭셔리 화장품 브랜드에서 작은 사이즈 제품을 선보이는 것이 이런 경우에 해당한다. 브랜드의 취향과 선호가 유지되는 선에서 브랜드는 원하는 만큼 세분화 전략을 사용하는 것이다.

브랜드의 질적 수준을 유지하라

브랜드의 타깃을 아래로 넓힐 경우, 단순히 브랜드가 담아내는 취향과 선호가 모호해지는 문제만 생기는 것이 아니다. 많은 경우, 브랜드가 제공하는 품질과 서비스의 질이 하락하는 결과가 함께 발생한다. 구매력이 낮은 고객들을 위해 원가를 최대한 절감한 제품을 선보이기 때문이다. 아무리 브랜드가 스파이크 집단의 취향과 선호에 방향성을 맞추더라도 제공하는 제품의 품질과 서비스의 질이 하락하면 선망성 집단은 브랜드를 떠나게 된다.

오마카세ぉまかせ를 예로 들어보자. '당신에게 맡긴다'라는 뜻의 일본어로 고급 일식집에서 셰프가 알아서 손님에게 제공할 음식을 결

정하는 방식의 서비스를 지칭한다. 2000년대 초반만 하더라도 고급 호텔 혹은 이름난 일식집에서나 경험할 수 있는 서비스였지만, 지금은 많은 일식집에서 오마카세 서비스가 제공되고 있다. 한 가지 흥미로운 사실은 최근 젊은 세대 사이에서 '오마카세'라는 단어가 마치 음식점의 종류를 지칭하는 말처럼 사용되고 있다는 것이다. 가령, '일식집에 갔다 왔어'라는 표현을 '오마카세 갔다 왔어'라고 표현한다. '이어폰으로 음악을 듣는다'고 말하는 대신에 '에어팟으로 음악을 듣는다'고 표현하는 것과 유사한 현상이다. 즉, 오마카세라는 단어가 선망성 집단의 표식이 된 것이다.

오마카세 서비스가 고급 일식집에서 시작되었기 때문에 이 단어가 선망성 집단의 표식으로 사용되는 것은 어찌 보면 자연스러운 결과다. 하지만 문제는 그다음이다. 오마카세가 인기를 끌면서 고급 일식집뿐만 아니라 저렴한 식당들이 오마카세 서비스를 제공하기 시작하자 선망성 집단의 표식으로서 가치가 사라지고 있기 때문이다. 당분간은 젊은 사람들 사이에서 오마카세라는 표현이 선망성 집단의 표식으로 사용되겠지만, 이런 지위를 잃게 되는 것은 시간문제로 보인다. 그리고 그때가 되면 오마카세라는 단어를 듣기만 해도 거부감을 느끼는 사람이 많아질 것이다.

브랜드도 마찬가지다. 매출을 늘리기 위해 타깃을 넓힐 경우, 제품과 서비스의 품질 하락이 발생하기 쉽다. 저품질, 저가 제품을 공

급하면 당장은 매출이 증가하겠지만, 이렇게 하는 순간 선망성 집단
의 표식으로서 갖는 가치는 급격하게 무너진다. 브랜드가 선망성 집
단의 표식으로서 가치를 계속 지키려면 브랜드가 제공하는 모든 제
품과 서비스의 질적 수준이 계속 유지되어야 한다. 스파이크 타깃을
만족시키던 수준이 계속 이어져야 브랜드가 표식으로서의 지위를
지킬 수 있다. 애플을 떠났다가 돌아온 스티브 잡스가 가장 먼저 한
일은 제품 수를 줄이는 것이었다. 당시 애플은 수없이 다양한 종류
의 컴퓨터를 판매하고 있었다. 성능이 좋은 제품도 있었지만, 그렇
지 못한 제품들도 많았다. 잡스는 대부분의 제품을 없애라고 지시했
다. 그리고 제품을 소비자용, 기업용 등 네 가지 종류로 제한하고, 각
각의 종류에서 최고의 제품을 만들라는 지시를 내렸다.

　　나이키 역시 애플과 똑같은 일을 했다. 마크 파커Mark Parker는
2006년부터 2020년까지 나이키 CEO를 역임한 인물이다. 지금의
나이키를 만든 장본인이라고 할 수 있다. 나이키의 CEO가 된 직후,
파커는 잡스에게 전화를 걸어서 나이키를 어떻게 이끌어가야 할지
조언을 구했다. 그때 잡스는 파커에게 "나이키는 좋은 제품도 만들
지만, 쓰레기 같은 제품이 많아. 쓰레기 같은 제품들은 없애버리고
좋은 제품에 집중해"라고 말했다. 파커는 잡스의 조언대로 나이키
의 모든 제품이 최고 수준이 되도록 만들었다.

　　애플과 나이키는 세계적으로 많은 팬을 보유한 브랜드다. 그리

고 두 브랜드 모두 자신들이 제공하는 모든 제품과 서비스가 높은
품질을 유지하는 것을 최우선으로 여긴다. 스타벅스도 마찬가지다.
오랜 기간 스타벅스의 CEO로 재직했던 하워드 슐츠Howard Schultz
가 얼마나 철저하게 고객 서비스를 관리했는지는 한국에도 잘 알려
져 있다. 슐츠는 커피 맛을 즐기는 데 방해가 되지 않도록 매장에서
냄새가 강한 식품을 없애고, 직원들이 향이 강한 향수를 사용하지
못하게 했다. 스타벅스 매장을 불시에 방문해서 수시로 매장 상태를
확인한 것으로도 유명하다. 이들 브랜드는 이런 노력을 해왔기 때문
에 지금까지 선망성 집단의 표식 지위를 유지하고 있는 것이다. 반
면 많은 한국 브랜드가 여전히 품질 관리보다 매출을 중요하게 여
긴다. 그렇다 보니 '쓰레기 같은' 제품을 끊임없이 내놓고 있다. 이런
브랜드가 팬 브랜드가 되기를 바라는 것은 허황된 꿈일지도 모른다.

의도적 불편함을 활용하라

브랜드가 선망성 집단의 표식 지위를 계속 유지하기 위한 또 하나의
방법은 브랜드 팬층이 확산될 때 최대한 스파이크 집단과 비슷한 사
람들 중심으로 확산되게 하는 것이다. 정확하게 스파이크 집단에 해
당하는 사람은 아닐지라도 이들과 어느 정도 유사성을 가진 사람들
을 중심으로 브랜드 팬이 확산되면 브랜드 팬층이 넓어져도 선망성

집단의 표식 지위를 계속 유지할 수 있다.

어떻게 해야 브랜드 팬이 스파이크 집단과 유사한 사람을 중심으로 확산되게 할 수 있을까? 한 가지 방법은 의도적으로 불편함을 만들어내는 것이다. 스파이크 집단은 실용적인 가치보다는 심미적인 가치를 추구하는 경우가 많다(물론 그렇지 않은 경우도 있으며, 그런 경우에는 해당되지 않는 방법이다). 이런 사람들은 실용성 혹은 편리함과 심미성 사이에서 선택해야 하는 상황에 처하면 실용성이나 편리함을 버리고 심미성을 선택한다. 반면 스파이크 집단이 아닌 사람들은 실용성이나 편리함을 더 중시할 가능성이 높다. 따라서 브랜드가 실용성, 편리성, 심미성 사이의 선택 구조를 만들면 자연스럽게 심미적 가치를 우선시하는 사람들을 중심으로 브랜드 팬이 확산되는 현상이 나타난다.

이런 현상을 보여주는 대표적인 사례가 닥터마틴이다. 닥터마틴은 영국의 가죽 부츠 브랜드로 20~30대 젊은층에 많은 팬을 보유하고 있다. 닥터마틴의 부츠는 무겁고 불편하기로 유명하다. 닥터마틴 제품 구매자의 후기를 찾아보면 무겁고 발이 아프다는 반응이 상당히 많다. 하지만 그렇기 때문에 닥터마틴의 스타일(즉, 심미적 가치)을 원하는 사람들만 불편함과 아픔을 견디면서 닥터마틴을 신게 된다. 이것이 닥터마틴 부츠가 스타일 좋고 패션에 관심 많은 사람들에게 유독 인기 있는 이유다. 만약 닥터마틴이 '고객 중심 경영'을 표방하며 가볍고 편안한 신발들을 선보인다면 어떤 일이 생길까? 편안함을 우선시하는 고객층이 대량 유입되면서 닥터마틴이 가진 선망성 집단의 표식으로서의 의미가 소멸될 것이다.

룰루레몬의 레깅스도 이런 경우에 해당한다. 룰루레몬의 레깅스는 멋진 스타일을 만드는 데 도움이 되지만 착용감이 나쁜 것으로 유명하다. 룰루레몬 팬들 사이에서도 착용감이 불편하다는 반응을 쉽게 찾아볼 수 있다. 착용감이 불편해서 저가 요가복 브랜드로 이탈하는 고객들도 적지 않다. 하지만 불편한 착용감이 편안함보다 스타일을 중요하게 여기는 고객들을 룰루레몬의 팬으로 만들었고, 그래서 룰루레몬이 선망성 집단 표식으로서의 가치를 유지하고 있는 것이다. 룰루레몬은 큰 사이즈 옷을 만들지 않는 것으로도 잘 알려져 있는데, 룰루레몬뿐만 아니라 많은 패션 브랜드가 의도적으로 큰 사이즈 옷을 만들지 않는다. 오프라인 매장에서 판매하는 옷에만 사이즈 제한을 두는 경우도 흔하다. 그리고 그 이유는 특정 유형의 사람들을 중심으로 브랜드 팬이 확산되게 만들기 위함이다.

애플 제품들도 사실 많은 사람들에게 상당히 불친절하다. 애플은 사용자 중심주의 철학을 가지고 있다. 제품을 디자인할 때 사람들이 편하게 사용하는 것을 가장 중요하게 여긴다는 뜻이다. 그런데 이는 반은 맞고 반은 틀린 이야기다. 학습 능력이 뛰어나고 교육 수준이 높은 사람들에게 애플 제품의 직관적인 사용자 환경은 사용하기 편리한 게 맞다. 하지만 그렇지 않은 사람에게는 도무지 어떻게 써야 할지 모를 이상한 제품으로 여겨지는 경우가 많다. 애플이 표방하는 사용자 중심주의는 모든 사람을 위한 편리함이 아니라 특정 고객층을 위한 편리함인 것이다.

이처럼 의도적인 불편함은 브랜드가 선망성 집단의 표식으로서의 가치를 만들고 유지하는 데 큰 도움이 되며, 실제로 많은 브랜드가 사용하고 있는 방법이기도 하다. 다만 중요한 점이 있다. 이런 장치들이 사람에 대한 차별이 아니라 개인의 선택에 관한 것이 되어야 한다는 점이다. 패션 브랜드가 일부러 큰 사이즈 옷을 만들지 않는 것은 문제가 있다. 큰 사이즈 옷이 필요한 사람에 대한 차별이기 때문이다. 하지만 닥터마틴이나 룰루레몬의 경우처럼 단순히 사용이 더 편리한 제품을 만들지 않는 것은 차별이라기보다는 선택의 문제다. 개인이 원하면 사용하기에 더 편리한 대체재가 존재하기 때문이다. 사람을 차별하지 않으면서, 스스로의 선택에 의해 스파이크 집단과 유사한 사람들 중심으로 팬이 확산되게 하는 것이 이 전략의 핵심이다.

스파이크 타깃과 친밀한 관계를 형성하라

브랜드가 사회에서 선망성 집단의 표식으로 인식되면 많은 팬이 만들어진다. 이렇게 되면 브랜드는 이익률과 매출이 모두 상승하면서 강한 브랜드로 성장하게 된다. 그런데 팬 브랜드가 되는 것으로 브랜드 관리가 끝나는 것은 아니다. 팬이 너무 많아지는 순간, 스파이크 집단이 브랜드를 떠날 수도 있기 때문이다. 스파이크 집단이 브랜드를 사랑하는 이유는 그 브랜드가 자신들만을 위한 브랜드라고 인식하기 때문이다. 그런데 만약 너무나 많은 사람들(특히, 스파이크 집단인 자신과는 다르게 느껴지는 사람들)이 브랜드의 팬이라고 선언하면 스파이크 집단은 더 이상 이 브랜드가 자신만을 위한 브랜드라고 인식하지 않게 될 수 있다. 따라서 브랜드에는 수요를 다양한 사람들에게로 확대시키면서 동시에 스파이크 타깃을 계속 팬으로 남아 있게 만드는 장치가 필요하다. 바로 이들과 인간적으로 친밀한 관계를 형성하는 것이다.

이를 위해 마케터는 이들과 지속적으로 소통해야 하며, 이들에게 감사의 마음을 표현해야 한다. 마케터들이 흔히 사용하는 SNS 마케팅은 도움이 되지 않는다. SNS는 메시지를 일방적으로 전달하는 매체이기 때문이다. 마일리지 프로그램으로 고객에게 할인 혜택을 주는 것도 충분하지 않다. 몇 퍼센트의 추가 할인 정도로는 스파이크 타깃을 붙잡아두기 어렵다. 스파이크 타깃과 관계를 형성하기 위해서는 이들과의 직접적인 상호작용, 특히 대면 상호작용이 필요하다. 즉, 브랜드가 이들을 직접 만나서 이들의 의견에 귀를 기울이고, 이들에게 고마움을 표시해야 한다. 럭셔리 브랜드가 소수 VIP 고객을 초청해서 그들만의 은밀한 파티를 개최하는 이유는 바로 이 때문이다. VIP 고객들과 직접 만나 이들이 자신을 브랜드의 특별한 고객이라고 느끼게 해주고, 이들에게 고마움을 표시함으로써 이들과 친밀한 관계를 유지하려는 것이다. 럭셔리 브랜드만의 일이 아니다. MZ 세대 사이에서 많은 팬을 보유한 브랜드들 중 이러한 파티를 개최하는 곳이 점점 많아지고 있다. 스파이크 타깃에 해당하는 소수만 초대하기 때문에 대부분의 사람들이 이런 파티가 있다는 사실을 모르고 있을 뿐이다. 이런 파티를 개최하는 것은 큰 비용이 드는 일이지만, 그럼에도 불구하고 많은 브랜드가 암암리에 이런 파티를 열고 있는 이유는 명확하다. 스파이크 타깃을 계속 자신의 팬으로 유지하기 위한 것이다.

당장의 이익이 아니라
장기적 표식 관리를 목표로 하라

많은 브랜드가 성장하기 위해 타깃을 넓히고 다양한 수준의 제품을 선보인다. 마켓컬리처럼 팬 브랜드가 되었음에도 불구하고 더 큰 성장을 위해 이런 모습을 보이는 일이 비일비재하다. 하지만 단기적 성장을 위해 고객층을 다양화하는 순간, 브랜드는 선망성 집단의 표식으로서의 가치를 상실하게 된다. 매출을 얻지만 팬을 잃게 되는 것이다. 브랜드가 팬을 얻고 팬을 확산시키기 위해서는 언제까지나 스파이크 타깃을 위한 브랜드로 남아 있어야 한다. 양적으로 성장하고 고객층이 다양해져도 브랜드의 지향점은 언제까지나 스파이크 타깃에 있어야 한다.

이러한 스파이크 전략은 기존 마케팅 이론을 따르는 사람에게는 무척 낯설고 당혹스러울 수도 있다. 기존 이론에서는 브랜드가 성장하기 위해 다양한 고객 집단의 취향을 만족시키는 것이 중요하다고 강조하기 때문이다. 하지만 다양한 사람들을 만족시키기 위해서 반드시 이들의 '현재' 취향과 선호를 만족시켜야 하는 것은 아니다. 사람의 취향은 고정되어 있지 않으며 늘 변화한다. 특히, 사회 안에서의 취향과 선호는 선망성 집단에서 나머지 사람들에게로 전파되는 경향이 있다. 지금은 자신의 취향과 선호에 맞지 않다고 느끼더라도 브랜드가 선망성 집단의 표식이라고 인식되면 소비자들은 스파이크 타깃의 취향과 선호를 받아들이게 된다. 스파이크 타깃의 취향과 선호를 나머지 사람들에게 전파하는 것이 스파이크 전략의 핵심이다. 모든 사람의 취향과 선호를 고정된 것으로 생각하고 그들에게 맞추려는 순간, 팬 브랜드는 가치 브랜드로 변질될 수밖에 없다. 취향은 맞춰주는 것이 아니라 전파하는 것임을 명심해야 한다.

SP/KE

3-3

스파이크 전략의
실행

스파이크 전략을 외부에 공개하지 않는 또 하나의 이유는 이 전략이 브랜드 팬
을 만드는 데 있어서 그 어떤 방법보다 효과적이기 때문이다. 브랜드 팬을 만드
는 가장 확실한 방법이기 때문에 브랜드들은 이 전략을 자신만의 경쟁 전략으로
활용하기 위해 외부에 공개하지 않는다. 이런 이유로 스파이크 전략은 지금까지
마케팅 책이나 강의에서 다뤄진 적이 없었다.

브랜드 팬 규모 진단하기

스파이크 전략을 실행하기에 앞서 자신의 브랜드가 얼마나 많은 팬을 보유하고 있는지 진단해보자. 진단 목적은 현 상태를 파악하기 위한 것이기도 하지만, 스파이크 전략을 실행하는 과정에서 지금까지의 성과를 평가하기 위한 것이기도 하다. 브랜드가 정기적으로 브랜드 가치나 인지도 조사를 하듯 브랜드 팬의 증감을 정기적으로 측정하고 브랜드 활동을 평가해야 한다.

브랜드 팬의 규모는 간단한 설문조사를 통해 파악할 수 있다. 설문 응답자들에게 같은 시장에서 경쟁하는 다양한 브랜드를 제시하고 이 중 자신이 팬이라고 할 수 있는 브랜드를 선택하게 한다. 응답자는 브랜드의 타깃 고객(스파이크 타깃이 아닌 브랜드 전체 타깃)에 해당하는 사람으로 한정한다. 응답 결과는 백분율로 나타낸다. 전체 응답자 대비 백분율을 사용하면 수치가 매우 낮게 나타날 것이다. 브랜드 팬은 롱테일 현상이 심하다. 설문조사 대상에 포함되지 않은 브랜드 팬이 많을 수 있기 때문이다. 또한 사람마다 자신이 관심을 가지고 있는 산업군 자체가 다르다. 가령, 테크 제품의 경우 특정 브랜드의 열렬한 팬인 사람이 다른 제품군에 대해서는 그 어떤 브랜드의 팬도 아닐 수 있다. 이런 이유로 브랜드 팬의 절대적인 비율은 낮게 나타날 수밖에 없다. 따라서 백분율은 경쟁 브랜드들 사이의 상대적

점유율로 나타내는 것이 효과적이다. 예를 들어, A, B, C, D, E의 브
랜드 팬 비율이 아래 표와 같을 경우, 팬 비율의 합을 기준으로 상대
적 점유율을 계산하는 것이다.

	A	B	C	D	E	합
팬 비율	11.7%	4.2%	3.8%	9.6%	2.5%	31.8%
팬 점유율	36.8%	13.2%	11.9%	30.2%	7.9%	100%

추가적으로 브랜드 팬들이 가진 팬심, 즉 브랜드 애착도를 측정
하고 싶다면 마케팅 연구자들이 개발한 브랜드 애착 척도를 사용할
수 있다. 가장 널리 사용되는 것은 데보라 맥기니스Deborah MacInnis
와 박충환 USC 석좌교수가 개발한 브랜드 애착 척도로, 아래 질문
들에 대한 응답을 받으면 된다.

❶ (브랜드)는 나의 일부처럼 느껴진다.

❷ 나는 (브랜드)와 정서적으로 연결되어 있다는 느낌을 받는다.

❸ (브랜드)에 대한 생각이 마음속에 저절로 떠오르곤 한다.

❹ 어떤 상황에서 (브랜드)에 대한 생각이나 느낌이 자연스럽고
    즉각적으로 떠오른다.

(1: 전혀 그렇지 않다, 2: 그렇지 않은 편이다, 3: 그런 편이다, 4: 매우 그렇다)

다만 이 책의 초반부에 상세하게 설명한 것처럼 브랜드 팬은 범주의 개념이지 정도의 개념이 아니다. 따라서 이 척도를 브랜드 팬이 아닌 사람들에게 적용하는 것은 의미가 없다. 이 척도는 브랜드 팬으로 분류된 사람들을 대상으로 그들이 가진 브랜드 애착도를 측정하기 위한 목적으로 사용할 것을 권장한다.

사용자 이미지 조사하기

브랜드 팬의 규모를 파악한 다음에 할 일은 브랜드 사용자 이미지를 조사하는 것이다. 팬 브랜드의 경우, 브랜드 사용자 이미지가 선망성 집단일 확률이 높다. 반면 팬이 없는 브랜드는 사용자 이미지가 명확하지 않거나 선망성이 없는 사람들이 사용하는 브랜드라는 이미지를 가지고 있을 것이다. 앞서 내가 직접 진행한 사용자 이미지 조사 결과를 소개한 바 있다(105페이지). 조사 결과에서 볼 수 있듯, 애플이나 스타벅스처럼 팬이 많은 브랜드는 사회 속에서 선망성을 가진 사람들이 사용하는 브랜드라는 이미지가 형성되어 있다. 반면, 팬이 없는 브랜드는 사회에서 선망성이 없는 사람이 사용하는 브랜드라는 이미지가 존재한다.

브랜드 사용자 이미지를 조사할 때 주의할 점이 있다. 응답자들을 대상으로 브랜드의 '실제 사용자'가 아니라 '사용자 이미지'를 조사해야 한다는 점이다. 실제 사용자에 대해 물으면 일상 속에서 자신이 실제로 보는 사용자를 떠올리게 되기 때문이다. 가령, 자신이 거주하는 지역에 있는 스타벅스 매장에 노인들이 많이 방문한다고 상상해보자. 응답자에게 스타벅스 매장을 어떤 사람들이 이용하는지 묻는다면 '노인'이라고 답할 것이다. 사용자 이미지 조사에서는 실제 사용자가 아니라 '브랜드 사용자의 이미지'를 조사해야 한다. 예를 들어, 어떤 브랜드를 떠올렸을 때 이 브랜드가 어떤 사람들이 사용하는 브랜드라고 생각하는지 묻는 것이다. 이렇게 하면 자기 주변에서 보는 사람들이 아니라 머릿속에 저장된 이미지에 기초해 답하게 된다. 가령, 스타벅스를 떠올렸을 때 어떤 사람들이 사용하는 브랜드라고 생각하는지 묻는다면 세련되고 전문직에 종사하는 20~30대 여성이라고 대답할 것이다.

브랜드 사용자 이미지를 조사해보면 대부분 사용자 이미지가 모호하거나 선망성 없는 사람들이 사용하는 브랜드라는 이미지가 형성되어 있다는 것을 발견하게 될 것이다. 스파이크 전략의 목표는 명확하다. 고객들 사이에서 자신의 브랜드가 선망성 집단이 사용하는 브랜드라는 이미지를 구축하는 것이다. 이런 이미지가 형성되면 브랜드가 선망성 집단의 표식으로 인식되고, 브랜드 팬을 쉽게 만들어낼 수 있다. 스파이크 전략이 성공적으로 구현되면 브랜드 사용자 이미지에 변화가 생겨날 것이다. 이런 변화를 확인하기 위해서 사용자 이미지 조사는 스파이크 전략을 실행하기 전 단계뿐만 아니라 정기적으로 실시할 필요가 있다.

스파이크 타깃 설정하기

팬 규모와 브랜드 사용자 이미지에 대한 조사가 끝나면 이제 본격적으로 스파이크 전략을 실행할 준비를 해야 한다. 스파이크 전략의 시작은 스파이크 타깃을 설정하는 것이다. 스파이크 타깃은 사회에서 문화적 선망성을 가진 사람이어야 한다. 문화적 선망성을 가진 사람이란 사회 속에서 많은 사람들이 닮고 싶어 하는 사람을 지칭하며, 이들의 취향과 선호는 주변 사람들에게 빠르게 전파되는 특성이 있다. 대중적으로 사랑받는 유명 연예인들은 문화적 선망성을 갖는다. 일반인 중에도 문화적 선망성을 가진 사람이 많다. 당신 주변에도 다른 사람들의 취향과 선호에 영향을 주는 사람들이 분명 존재할 것이다. 이런 사람들이 브랜드의 스파이크 타깃이 되어야 한다.

스파이크 타깃을 설정할 때 중요한 기준은 **현실성**과 **접근성**이다. 현실성은 브랜드가 현실적으로 만족시킬 수 있는 가능성을 말한다. 아무리 매력적인 스파이크 타깃을 설정하더라도 브랜드가 이들을 만족시킬 능력이 없다면 브랜드에 아무런 도움이 되지 못한다. 미국에서 가장 팬이 많은 마트로 알려진 트레이더 조Trader Joe's를 예로

들어보자. 트레이더 조는 교육 수준은 높지만 소득 수준이 높지 않
으면서 이국적인 식품을 선호하는 취향을 가진 사람들을 타깃으로
한다. 이국적인 식품을 선호하는 사람들 중에서도 교육 수준과 소득
수준이 모두 높은 사람이 미국 사회에서 더 높은 문화적 선망성을
가질 것임은 분명한 사실이다. 하지만 이런 집단은 트레이더 조의 상
품과 서비스로 만족시키기 어렵다. 트레이더 조는 가성비가 뛰어난
PB(자체 브랜드) 제품을 주로 판매하는 마트이기 때문이다. 따라서 트
레이더 조는 자신들이 만족시킬 수 있는 집단, 즉 교육 수준은 높지
만 소득 수준이 그렇게 높지 않은 사람들을 자신들의 스파이크 타깃
으로 설정한다.

　접근성은 브랜드가 스파이크 타깃에게 다가갈 수 있는 가능성
을 말한다. 스파이크 타깃을 아무리 잘 정의하더라도 이들에게 다가
갈 수 없다면 소용없다. 스파이크 타깃 사이에서 스파이크 반응을
불러일으키기 위해서는 이들에게 적극적으로 다가가 상품과 서비
스를 경험하게 해주고, 브랜드에 대한 정보를 제공해야 한다. 따라
서 스파이크 타깃을 거주 지역이나 자주 방문하는 곳, 이용하는 서
비스, 소속 집단 등 접근 가능성 측면에서 최대한 구체적으로 정의
하는 것이 필요하다. 만약 스파이크 타깃이 특정 유통 채널을 많이
이용한다면 해당 채널과 협력해 이들에게 접근할 수 있다. 이들이
특정 집단(가령, 대학생 댄스 크루)에 속한다면 해당 집단과 협력해 브랜

드를 경험할 기회를 제공할 수 있다. 이런 집단이 하나일 필요는 없다. 만약, 스파이크 타깃이 소규모 집단 형태로 존재한다면, 가능한 한 많은 소규모 집단과 협력해 스파이크 반응을 만들어낸다.

취향 조사하기

스파이크 타깃이 결정되면 이들의 취향과 선호를 완벽하게 만족시키기 위해 노력해야 한다. 그러기 위해서는 스파이크 타깃에 대한 이해가 필수적이다. 브랜드 조직 자체가 스파이크 타깃에 해당하는 사람들로 구성돼 있다면, 스파이크 타깃의 취향과 선호를 이해하는 일이 비교적 수월할 것이다. 자신들이 좋아하는 것을 정리하면 되기 때문이다. 만약 브랜드 조직이 스파이크 타깃에 해당하지 않는다면 조사를 통해 이들의 취향과 선호를 파악해야 한다.

조사 방법은 인터뷰나 FGD, 매장에서 행동 관찰 등 기존 마케팅 이론에서 사용하는 방법론과 동일하다. 다만 조사 대상자가 다르다. 기존 마케팅 이론에선 브랜드의 타깃 고객에 해당하는 사람이면 누구나 조사 대상자가 될 수 있었다. 가령, 30~40대 여성 고객을 타깃으로 하는 브랜드라면 30~40대 여성은 누구나 조사 대상자가 되는 것이다. 반면 스파이크 전략을 위한 조사라면 조사 대상자가 스파이크 타깃에 해당하는 사람들로 한정되어야 한다. 이런 사람을 대상자로 모집하기 위해서는 브랜드가 스파이크 타깃을 명확하게 정의해야 하고, 조사를 진행하는 담당자 혹은 업체에 조사 대상자가 어떤 사람이어야 하는지 명확한 가이드라인을 제공해야 한다.

일반적으로 리서치 회사들은 자신들이 이미 보유하고 있는 참가자 풀 안에서 마케팅 조사 대상자를 선정하기 때문에 스파이크 타깃을 별도로 모집해본 적이 없을 것이다. 자신들의 참가자 풀에서 스파이크 타깃을 가려내는 방법이 없을 수도 있다. 따라서 브랜드 담당자는 이들과 협력해 스파이크 타깃을 찾아내기 위해 노력해야 한다.

매장에서 소비자 행동을 관찰하는 경우에도 스파이크 타깃의 행동만이 의미 있는 정보를 제공한다. 매장을 방문하는 모든 사람이 아니라 이들 중에서 스파이크 타깃에 해당하는 사람들의 행동을 관찰해야 한다. 이를 위해 매장 방문자들 중에서 스파이크 타깃에 해당하는 사람을 가려내거나 스파이크 타깃을 위한 이벤트를 별도로 진행해서 이들의 취향과 선호를 파악해야 한다.

취향 구현하기

스파이크 타깃을 만족시키는 데 있어 가장 중요한 것은 제품이다. 스파이크 타깃 사이에서 입소문이 생겨날 정도로 이들의 취향과 선

호를 제대로 만족시키는 제품이 필요하다. 하지만 제품 하나로 스파
이크 반응이 생겨날 것으로 기대해서는 안 된다. 고객은 제품뿐만
아니라 서비스 방식, 판매 방식, 웹사이트와 앱 디자인, 마케팅 메시
지의 내용과 어감, 매장 인테리어 등 브랜드가 제공하는 모든 것을
통해 브랜드를 경험하기 때문이다. 아무리 스파이크 타깃의 취향에
잘 맞는 제품을 선보여도 브랜드의 다른 부분이 이들의 취향에 맞지
않으면 스파이크 반응이 발생하기 어렵다.

　스타벅스가 새로 선보인 매장을 예로 들어보자. 매장에서 판매
하는 음료들과 인테리어가 스타벅스 팬들의 취향에 잘 맞더라도 매
장에서 들리는 배경음악이나 소음 정도, 냄새 등 어느 하나라도 만
족스럽지 않으면 이들은 만족하지 못할 것이다. 한마디로, 스파이크
반응을 만들어내기 위해서는 브랜드가 제공하는 모든 경험이 스파
이크 타깃의 취향과 선호를 충족시켜야 한다.

　마케터들은 신제품을 출시하기에 앞서 제품에 대한 콘셉트 테
스트를 진행한다. 여러 제품의 이미지를 보여주거나 시제품으로 테
스트 참가자의 반응을 미리 확인하는 것이다. 스파이크 전략에서도
콘셉트 테스트를 유용하게 사용할 수 있다. 단, 테스트 참가자가 스
파이크 집단의 일원이어야 한다. 또한 제품뿐만 아니라 매장 경험,
온라인 경험, 마케팅 메시지 등 브랜드가 제공하는 모든 것에 대해
서 스파이크 타깃을 대상으로 테스트를 진행할 필요가 있다. 이런

과정을 통해 스파이크 타깃에게 브랜드가 일관성 있게 만족스러운 경험을 제공하는지 진단해볼 수 있다.

스파이크 타깃에게 다가가기

스파이크 타깃을 위한 제품이 드디어 시장에 출시되었다고 해보자. 운이 좋으면 이 제품이 스파이크 타깃의 눈에 띄어서 이들 사이에서 스파이크 반응이 발생할 것이다. 하지만 지금처럼 수없이 많은 신제품과 브랜드가 매일같이 쏟아져 나오는 시대에는 제품을 출시해도 스파이크 타깃이 그 사실을 모를 수 있다. 그래서 이들이 신제품 출시 사실을 알게 하고, 제품을 경험해볼 기회를 제공해야 한다.

일반적으로 신제품이 출시되면 브랜드는 신제품을 알리기 위해 홍보와 프로모션 활동을 진행한다. 신제품 출시 기념으로 할인을 하거나 선물을 주고, 배너 광고를 게재하며, 매장에서 이벤트를 개최하기도 한다. 스파이크 전략에서 이런 마케팅 활동은 필요하지 않다. 마케팅 대상이 '모든 사람'이기 때문이다. 스파이크 전략에서도 신제품 출시 시기에 맞춰서 홍보와 프로모션을 하지만 그 대상은 철저하게 스파이크 타깃으로 한정된다. 대중적인 마케팅이 아니라 스파이크 타깃을 위한 맞춤형 마케팅이 필요한 것이다.

이를 위한 한 가지 방법은 스파이크 타깃에게 맞춘 제품을 별도로 만들어서 제공하는 것이다. 헤드폰 브랜드인 비츠의 경우, 신제품을 출시할 때 뮤지션이나 운동선수들의 취향에 맞춘 커스텀 헤드폰을 제공한다. 한국에서도 화장품 브랜드들이 신제품을 출시할 때 선물용 제품을 별도로 제작해 스파이크 타깃에게 제공하는 경우가 있다. 창업자가 인플루언서나 유명인인 경우에는 자신의 인맥을 활용해 지인들에게 선물을 제공하기도 한다. 대표적인 사례가 논픽션이라는 화장품 브랜드다. 논픽션은 2019년 만들어진 화장품 브랜드인데, 출시되자마자 선망성 집단에서 강한 스파이크 반응이 발생했다. 그런데 논픽션이 출시된 초기에 창업자의 남편인 유명 영화배우의 많은 지인들이 선물용 제품을 받았다고 한다. 선물 받은 사람들 중 상당수가 유명인이거나 스파이크 타깃에 해당하다 보니 단기간에 논픽션에 대한 스파이크 반응이 발생하면서 브랜드 팬이 빠르게 생겨났다.

스파이크 타깃을 위한 이벤트를 별도로 진행하는 것도 방법이다. 이런 이벤트는 브랜드가 직접 참가자를 결정하고 초대하는 방식으로 이뤄지기 때문에 언론에 보도되는 일이 드물다. 하지만 지금도 많은 브랜드가 오직 스파이크 타깃만을 위한 파티와 행사를 개최하고 있으며, 이런 이벤트에 참가한 사람들을 중심으로 스파이크 반응을 만들어내고 있다.

스파이크 타깃을 위한 이벤트를 실시하기 위해서는 스파이크

타깃에 대한 접근성이 필요하다. 패션 브랜드들의 경우, 브랜드 구
성원들이 직접 자신의 지인이나 업계 관계자들을 초청해서 이벤트
를 진행하곤 한다. 하지만 모든 브랜드가 이렇게 할 수 있는 것은 아
니다. 이런 경우에는 스파이크 타깃이 많이 이용하는 업체와 협력해
스파이크 타깃에게 접근하면 된다. 가령, 스파이크 타깃이 특정 호
텔이나 레스토랑을 자주 이용한다면 이 업체와 협력해서 이들을 위
한 이벤트를 기획하거나 이들에게 선물을 제공하는 것이다.

스파이크 타깃을 위한 제품이 준비되면 브랜드는 모든 노력을
다해 이들을 만족시켜야 한다. 그래야 이들 사이에서 스파이크 반응
이 발생하고, 이들 주변으로 스파이크가 확산된다. 언론이나 SNS를
통해 밖으로 잘 드러나지 않을 뿐이지 지금도 많은 브랜드가 이런
노력을 하고 있으며, 그 결과 많은 브랜드 팬을 만들어내고 있다. 단
지 우리가 스파이크 타깃에 해당하지 않기 때문에 이런 노력들에 대
해 알지 못하고 있을 뿐이다.

스파이크 확산시키기

스파이크 타깃들 사이에서 스파이크 반응이 발생하면 자연스럽게
브랜드 팬이 형성되기 시작한다. 이 상태로 그냥 놔둬도 괜찮지만 스
파이크 반응이 더 빨리 확산되기를 바란다면 브랜드 크루를 모집해

서 이들에게 스파이크 반응을 확산시키도록 할 수 있다. 브랜드 크루는 브랜드 홍보 활동을 하는 대가로 할인이나 활동비 같은 경제적 혜택을 받는다. 가장 흔한 활동 유형은 SNS를 통한 제품 노출이지만, 이런 활동으로 국한할 필요는 없다. 룰루레몬의 크루들은 고객들에게 요가 레슨을 제공하거나 러닝 코치로 함께 러닝을 하고, 무신사의 크루들은 자신의 사진을 무신사 앱에 올린다. 또 어떤 브랜드는 크루들로 하여금 주변 사람들을 매장에 데리고 와서 할인을 받게 해주기도 한다. 이처럼 크루들은 다양한 형태로 스파이크 반응을 확산시킨다. 이때 중요한 것은 크루들 본인이 브랜드의 팬이어야 하며, 더욱 중요한 것은 스파이크 집단에 속한 사람들이어야 한다는 점이다. 단순히 경제적 혜택을 위해 크루가 된 사람의 홍보 활동에서는 진심이 느껴지지 않으며, 스파이크 집단에 속하지 않은 크루의 활동은 스파이크 반응을 확산시키지 못하기 때문이다.

스파이크 루프 만들기

지금까지 스파이크 전략의 일곱 가지 단계를 설명했다. 여덟 번째 단계는 브랜드 활동을 수시로 점검하고 수정하는 것이다. 일곱 가지 단계를 충실하게 이행했는데도 불구하고 브랜드 팬이 원하는 수준만큼 증가하지 않았으면 스파이크 타깃의 취향에 대한 조사 단계로 돌아가 조사 결과가 제대로 됐는지 점검하거나 다시 조사한다. 조사 결과가 제대로 됐다면 취향의 구현이 제대로 되었는지 점검해 본다. 제품뿐만 아니라 브랜드가 제공하는 모든 경험이 스파이크 타 깃의 취향에 잘 맞는지 점검하고 필요한 부분을 수정한다. 이 단계 까지 아무 문제가 없다면, 스파이크 타깃에게 다가갈 새로운 방법을 찾아보거나 스파이크 반응을 확산시킬 수 있는 크루를 다르게 구성 해본다. 이런 방식으로 스파이크 전략을 실행하기 이전 단계로 돌아 가 점검과 수정하는 루프를 만들어내면 스파이크 전략의 성공 가능 성을 높일 수 있다.

　　스파이크 반응이 성공적으로 발생해 많은 팬이 만들어진 경우 에도 스파이크 루프는 필요하다. 스파이크 타깃의 취향이 변할 수도 있고, 더 강한 스파이크 반응을 만들어내는 경쟁자가 출현할 수도 있기 때문이다. 그렇기 때문에 많은 팬을 확보한 브랜드도 끊임없이

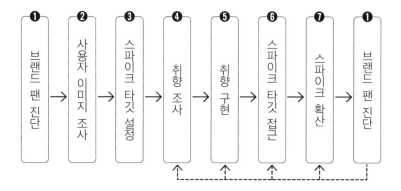

스파이크 타깃에 대한 조사, 취향 구현, 스파이크 접근, 스파이크 확산 단계로 돌아가 자신의 활동을 점검하고 수정해야 한다.

은밀하게 행동하기

마지막으로 스파이크 전략을 실행할 때 유의해야 할 점을 한 가지 설명하겠다. 스파이크 전략은 은밀하게 실행해야 한다. 스파이크 전략의 핵심은 스파이크 타깃 사이에서 스파이크 반응을 만드는 것이다. 브랜드의 제품과 서비스가 자연스럽게 스파이크 반응을 만들어낸다면 상관없지만 현실 속에서는 스파이크 반응을 보다 빠르고 확실하게 만들어내기 위해 다양한 장치들을 활용한다. 그리고 이 장치들은 아무래도 스파이크 타깃에게 많은 혜택을 주는 방향으로 진행될 수밖에 없다. 이런 장치들은 스파이크 타깃으로 하여금 브랜드에 호감을 갖거나 열광하게 만들지만 반대로 스파이크 타깃에 해당하지 않는 사람들에게 소외감을 느끼게 할 수도 있다. 이것이 많은 브랜드들이 스파이크 타깃을 대상으로 하는 활동을 외부에 공개하지 않는 이유다.

　나는 다양한 브랜드의 마케팅 실무자들과 자주 만나기 때문에 스파이크 타깃만을 대상으로 진행되는 이벤트나 이들에게 제공되는 선물에 대해 잘 알고 있다. 대개 이런 것들은 언론에 공개되지 않는다. 브랜드 크루의 존재 자체가 외부에 알려지지 않는 경우도 많다. 브랜드에서 경제적 혜택을 받으며 크루로서 활동하고 있지만 일반 소비자들은 그들의 존재를 전혀 모르는 것이다. 이처럼 스파이크 전략을 실행하는 브랜드는 대부분 스파이크 전략을 은밀하게 실행하고 있다. 스파이크 전략이 외부로 알려졌을 때 소외감을 느끼는 고객이 있을 수도 있고, 이런 전략 자체를 차별이라고 생각하는 사람들이 있을 수도 있기 때문이다. 그래서 스파이크 전략은 가급적 조용하고 은밀하게 실행하는 것이 좋다.

물론 이런 이유 때문에 스파이크 전략을 은밀하게 실행하는 것은 아니다. 스파이크 전략을 외부에 공개하지 않는 또 하나의 이유는 이 전략이 브랜드 팬을 만드는 데 있어서 그 어떤 방법보다 효과적이기 때문이다. 브랜드 팬을 만드는 가장 확실한 방법이기 때문에 브랜드들은 이 전략을 자신만의 경쟁 전략으로 활용하기 위해 외부에 공개하지 않는다. 이런 이유로 스파이크 전략은 지금까지 마케팅 책이나 강의에서 다뤄진 적이 없었다. 스파이크 전략을 공개한 지금부터는 누가 이 전략을 더 제대로 실행하는가를 놓고 본격적인 경쟁이 펼쳐질 것이다. 내 브랜드와 경쟁 브랜드 중에서 누가 더 강한 스파이크 반응을 만들어내는지 본격적인 싸움이 시작된 것이다.

SP⚡KE

3-4

스파이크 조직이
스파이크를 만든다

브랜드 팬을 만들려는 마케터라면 가장 먼저 자기 자신이 이들의 취향을 만족시킬 수 있는 사람인지 스스로에게 물어봐야 한다.

셰프 식당과 프랜차이즈 식당

유명 셰프가 운영하는 식당과 그 사람과 프랜차이즈 계약을 맺고 운영되는 식당을 상상해보자. 당신이 음식에 조예가 깊은 미식가라면 프랜차이즈 식당에서 만족감을 얻기는 무척 어려울 것이다. 유명 셰프에게 조리법을 전수받아서 같은 음식을 내놓아도 음식 맛을 포함해 식당이 주는 모든 경험이 셰프가 운영하는 식당과는 다르게 느껴질 것이다. 단순히 진짜가 아니라는 생각, 즉 셰프가 직접 조리하지 않은 프랜차이즈라는 생각 때문만은 아니다. 유명 셰프가 운영하는 식당의 모든 것을 그대로 재현해놓아도 프랜차이즈 식당은 셰프의 식당과 차이가 있을 수밖에 없다. 셰프가 직접 운영하는 식당에는 모든 곳에 그 사람의 취향이 고스란히 반영되어 있지만, 프랜차이즈 식당은 그의 취향을 흉내낸 것에 불과하기 때문이다.

유명 셰프들은 대부분 음식과 문화, 경험에 대한 자신만의 취향이 뚜렷하다. 식당에서 보이는 이들의 모습은 음식 만들기에 집중한 요리사로 모두 비슷한 것 같지만, 식당 밖에서는 옷차림이나 음식, 생활방식 등 모든 면에서 자신만의 독자적이면서도 세련된 취향을 보여주는 경우가 많다. 자신만의 취향이 확고하기 때문에 이들이 제공하는 경험에는 독특한 색깔이 부여된다. 음식의 맛뿐 아니라 식기와 가구, 인테리어, 조명, 음악, 그리고 사람을 대하는 방식에 이르기

까지 식당의 모든 것이 일관된 경험을 만들어낸다. 물론 이러한 일
관성이 좋은 게 아닐 수도 있다. 식당 고유의 색깔이 뚜렷하지만 아
무도 이 색깔에 매력을 느끼지 못할 수도 있기 때문이다. 그래서 셰
프가 운영하는 식당이 성공하기 위해서는 셰프의 개인적 취향이 음
식 애호가들의 취향과 얼마나 잘 맞는지가 가장 중요하다. 셰프의
취향이 음식 애호가들의 취향과 잘 맞고, 셰프의 취향이 식당의 모
든 것에 제대로 반영되었을 때, 이 식당은 음식 애호가들의 성지가
된다.

이에 반해 프랜차이즈 식당은 셰프의 취향 중 일부만 반영될 뿐
이다. 음식 자체는 정해진 레시피대로 조리하더라도 음식이 담긴 형
태나 온도, 식당의 냄새나 분위기, 손님을 대하는 태도 등에는 셰프
의 취향이 아니라 프랜차이즈 식당을 운영하는 주인이나 종업원의
취향이 반영될 수밖에 없다. 이 셰프의 취향을 좋아하는 음식 애호가
라면 이 식당이 이름만 빌려온 '가짜' 식당처럼 느껴질 수밖에 없다.

스파이크를 만드는 사람들

스파이크 반응을 만드는 것도 이와 비슷하다. 스파이크 반응이 발생
하려면 스파이크 타깃의 취향을 제대로 만족시키는 것이 가장 중요
하다. 단지 제품만이 아니다. 고객 서비스, 매장에서의 경험, 웹사이

트나 앱의 사용자 경험, 마케팅, 이벤트 등 브랜드가 제공하는 모든 것이 스파이크 타깃의 취향에 잘 맞아야 한다. 이를 위해서 브랜드들이 스파이크 타깃의 취향과 선호를 조사하고 연구하고 있지만 한계가 있을 수밖에 없다. 취향은 무형의 것이기 때문에 조사를 통해 알아낼 수 있는 내용에는 한계가 있을 수밖에 없다. 설령 제대로 파악해내더라도 브랜드의 모든 것에 이들의 취향을 담아내기는 어렵다. 조사에 기반해서 스파이크 타깃을 만족시키려는 것이 유명 셰프가 운영하는 식당을 연구해서 최대한 비슷하게 꾸며놓은 프랜차이즈 식당에 불과할 수밖에 없는 이유다.

가장 이상적인 것은 브랜드가 유명 셰프가 직접 운영하는 식당의 모습을 갖추는 것이다. 즉, 브랜드 담당자 자신이 스파이크 타깃과 동일한 취향을 가져서 자신의 취향을 브랜드에 고스란히 담아내는 것이다. 이렇게 해야 브랜드가 제공하는 모든 것에 일관성 있는 색깔이 입혀지고, 이 색깔에 만족하는 사람들 사이에서 스파이크 반응이 만들어진다. 실제로 스파이크 반응을 성공적으로 만들어낸 브랜드들은 기업의 리더나 브랜드 조직 자체가 스파이크 타깃에 해당하거나 이들과 같은 취향을 가진 경우가 대부분이다.

애플은 스티브 잡스 본인이 디자인에 대한 취향과 안목이 뛰어났을 뿐만 아니라 애플에 복귀한 이후에 조너선 아이브의 디자인팀(즉, 애플에서 스파이크 조직과 가장 가까운 사람들)이 프로젝트를 주도하도록 조직 구조를 개편했다. 럭셔리 브랜드들의 경우, 그 시대에 가장 취향이 좋은 사람들을 크리에이티브 디렉터로 스카우트해서 제품 개발과 마케팅을 진두지휘하게 한다. 루이뷔통의 경우, 2023년 아예 힙합 뮤지션 퍼렐 윌리엄스Pharrell Williams를 크리에이티브 디렉터로 임명했다. 윌리엄스는 디자이너가 아니지만 현 시대 젊은 세대의 취향을 가장 잘 이해하고 그들의 취향을 이끌고 있는 사람이다. 스파이크 타깃, 그 안에서도 최선봉에서 이끌고 있는 사람을 크리에이티브 디렉터로 영입한 것이다.

한국에서 마켓컬리, 무신사, 젠틀몬스터 등 스파이크 반응을 만들어낸 브랜드들은 모두 이런 조직에 해당한다. 마켓컬리의 경우, 창업자이자 CEO인 김슬아 대표 본인이 마켓컬리의 스파이크 타깃에 해당한다. 그렇다 보니 자신의 취향을 고스란히 담아내는 것만으로도 스파이크 타깃에서 스파이크 반응이 만들어졌다. 무신사와 젠틀몬스터는 조직 구성원들 자체가 이들의 스파이크 타깃에 해당한다. 스파이크 타깃에 해당하는 사람들이 직접 브랜드를 만들었기 때문에 스파이크 반응이 쉽게 만들어질 수 있었다.

반면 대부분의 회사가 가진 문제는 브랜드 담당자나 중요 의사결정자가 스파이크 타깃과 아무런 관련이 없다는 것이다. 특히 규모가 크고 역사가 오래된 기업일수록 이런 모습을 보인다. 조직의 중요 의사결정자가 스파이크 타깃의 취향과는 거리가 먼 일반 관리자

General Manager인 경우가 많고, 마케팅 임원들 역시 스파이크 타깃
과는 거리가 먼 사람들이 많다. 상황이 이렇다 보니 이들이 관리하
는 브랜드가 스파이크 타깃들 사이에서 스파이크 반응을 만들어내
기를 기대하는 것은 지극히 비현실적인 바람이다. 이는 마치 나에게
10대들의 사랑을 받는 스트리트 패션 브랜드를 만들라고 하는 것과
같다. 10대들의 취향과 거리가 먼 중장년 대학 교수가 10대들의 패
션 취향을 만족시키려고 하는 것은 시작부터 잘못된 미션일 수밖에
없다.

스파이크 반응을 만들려면
스파이크 조직이 되어야 한다

**스파이크 전략을 성공시키는 가장 이상적인 방법은 브랜드 조직의 모
든 구성원이 스파이크 집단의 일원이 되는 것이다.** 패션 브랜드나 새
롭게 만들어진 인디 브랜드에는 이런 경우가 많다. 반면 기존 기업
의 브랜드 조직은 이런 모습과 거리가 멀다. 당신의 브랜드 조직이
스파이크 집단과 동떨어진 사람들로 구성되어 있다면, 구성원 모두
가 스파이크 집단에 해당하는 사람이 되도록 변신하려는 노력이 필
요하다. 스파이크 집단의 취향을 제대로 이해한 후, 이들이 소비하
는 것을 같이 소비하고, 이들이 방문하는 장소를 같이 방문해야 한

다. 단순히 스파이크 집단의 삶을 체험하는 것이 아니라 본인 스스로 이들과 같은 사람이 되어서 이들의 취향을 온전히 자신의 것으로 흡수하려고 노력해야 한다.

조직의 인사담당자라면 브랜드 구성원을 결정하거나 신규 채용할 때 그가 스파이크 집단에 해당하는가를 중요한 기준으로 고려할 수 있다. 특히, CMO나 마케팅 임원, 팀장 같은 브랜드의 중요 의사결정자들이 의사결정을 하는 데 있어서 이런 기준을 갖춰야 한다. 물론 모든 브랜드가 스파이크 집단으로 구성될 필요는 없다. 스파이크 전략은 브랜드 팬을 만들기 위한 전략이다. 브랜드 팬을 만들려는 목표를 가지고 있지 않다면 굳이 스파이크 집단으로 브랜드 조직을 구성할 필요는 없다. 하지만 브랜드 팬을 만들고자 하는 조직이라면 조직의 모든 구성원이 스파이크 집단에 해당하는 사람이 되어야 한다. 그래야 스파이크 타깃의 취향을 보다 정확하게 이해할 수 있고, 브랜드의 모든 경험에 있어서 이들을 만족시킬 수 있다. 브랜드 팬을 만들려는 마케터라면 가장 먼저 자기 자신이 이들의 취향을 만족시킬 수 있는 사람인지 스스로에게 물어봐야 한다.

SP⚡KE

3-5

Q&A

"단순히 경영 트렌드에 관심 있는 일반인이라면 굳이 팬과 팬덤을 구분할 필요가 없다. 하지만 브랜드 전략을 고민하는 실무자나 경영자라면 팬과 팬덤을 반드시 구분해야 한다. 이 둘을 제대로 구분하는지 여부에 따라 브랜드 전략의 방향성과 성과가 완전히 달라지기 때문이다.

Q&A

마케터들과 브랜드 팬 워크숍을 진행하다 보면 자주 받는 질문들이 있다. 이 책을 읽고 있는 여러분도 비슷한 의문을 가질 수 있다. 몇 가지 질문에 대한 답을 적으며 마무리하겠다.

브랜드 팬과 팬덤, 같은 것인가?

"브랜드 팬이란 브랜드의 열광적인 지지자를 말한다. 팬이라는 말 자체가 팬-아틱, 즉 광신도fanatic의 줄임말이다. 많은 사람들이 브랜드 팬을 팬덤과 같은 뜻으로 알고 있지만, 팬과 팬덤은 명확하게 구분되며 구분되어야 하는 개념이다. 브랜드 팬은 한 명 한 명의 사람, 즉 개인을 지칭한다. 가령, 어떤 사람이 애플이라는 브랜드를 열광적으로 좋아한다면 그 사람은 애플이라는 브랜드의 팬이라고 할 수 있다. 반면 **팬덤은 개인이 아니라 집단과 관련된 단어다.** 팬덤은 '팬fan'에 '덤dom'이라는 접미사가 붙은 단어다. '덤'은 킹덤kingdom이라는 단어에서 유래했다. 킹덤은 왕이 지배하는 커뮤니티나 지역을 말한다. 킹덤이라는 단어를 차용해서 '팬들의 커뮤니티' 혹은 '팬들의 집단'을 지칭하는 '팬덤'이라는 말이 만들어진 것이다.

팬덤이라는 말이 처음 사용된 것은 스포츠 분야다. 20세기 초반 자신의 팀을 응원하기 위해 야구장을 찾는 열성적인 야구 팬들을 지칭하는 데 팬덤이라는 말이 처음 사용되었다. 지금은 스포츠 분야뿐만 아니라 엔터테인먼트나 문화 콘텐츠 등 다양한 분야에서 팬들의 집단을 지칭하는 데 팬덤이라는 표현이 사용되고 있다. 야구 팬들은 같은 유니폼을 입고 야구장에 모여 함께 응원하고 상대 팀에게 함께 야유를 보낸다. 연예인이나 아이돌의 팬들은 공연장에 모여서 같은 빛깔의 응원봉을 흔들고 함께 노래를 부르며 온라인 커뮤니티에서 대화를 나눈다. 문화 콘텐츠 팬들은 온라인 커뮤니티에서 정보를 교환하고 대화하며 오프라인 모임을 갖기도 한다. 이처럼 **팬덤은 같은 대상을 열광적으로 좋아하는 사람, 즉 팬들이 모인 집단 혹은 커뮤니티를 지칭한다.**"

브랜드 팬과 팬덤, 구분할 필요가 있는가?

"단순히 경영 트렌드에 관심 있는 일반인이라면 굳이 팬과 팬덤을 구분할 필요가 없다. 하지만 브랜드 전략을 고민하는 실무자나 경영자라면 팬과 팬덤을 반드시 구분해야 한다. 이 둘을 제대로 구분하는지 여부에 따라 브랜드 전략의 방향성과 성과가 완전히 달라지기 때문이다.

　나는 매년 대학생들을 대상으로 자신이 팬인 브랜드가 무엇인지 조사한다. 지난 4년간 누적된 데이터에서 팬이 가장 많은 브랜드로 꼽힌 것은 (전혀 놀랍지 않은 결과이지만) 애플이다. 그다음은 나이키, 스타벅스 순이다. 500명이 넘는 대학생 응답자들 중에서 애플의 팬이라고 대답한 비율이 17%가 넘을 정도로 애플은 젊은 세대에게서 많은 팬을 만들어내고 있다. 상위 10개 브랜드 가운데 점유율이 37.5%에 이른다.

그런데 애플의 팬을 자처하는 수많은 대학생들이 스포츠 팀이나 아이돌의 팬덤처럼 집단의 모습을 보이고 있는가? 이들이 수시로 모임을 갖거나 온라인 커뮤니티에 소속되어서 활동하고 있는가? 그렇지 않다. 대부분의 애플 팬들은 개인적으로 애플을 좋아하는 것이지 집단의 형태를 갖추고 있지 않다. 나이키나 스타벅스도 마찬가지다. 이들 브랜드는 많은 브랜드 팬을 보유하고 있지만 팬들이 팬덤 형태를 갖추고 있지는 않다. 물론 이벤트를 통해 브랜드 팬들이 한자리에 모이면 집단적 형태가 나타나기도 하지만, 애플에선 팬덤의 흔적을 찾아보기 어렵다.

브랜드에 팬덤이 반드시 필요한 것은 아니다. 브랜드를 강하게 만드는 것은 브랜드를 열광적으로 지지하는 각각의 개인들이지 집단이나 커뮤니티가 아니다. **팬덤은 팬들의 집단적 형태를 지칭하는 표현일 뿐이다. 애초에 팬이 있어야 팬덤이 나타날 수 있다.** 그런데 많은 브랜드가 팬이 없음에도 불구하고 처음부터 팬덤을 만들겠다는 야심찬 목표를 세운다. 팬이 없는 브랜드가 팬덤부터 만들려고 노력해봤자 실패로 끝나는 것은 어찌 보면 당연한 결과다. 또한 브랜드에 필요한 것이 팬덤이라고 생각하다 보니 브랜드에 있어서 가장 중요한 것이 브랜드 커뮤니티라고 오해하게 된다. 그 결과, 자체적으로 브랜드 커뮤니티를 만들거나 기존에 존재하는 브랜드 커뮤니티와 협력하려고 시도한다. 하지만 아무리 노력해도 브랜드 팬은 늘어나지 않는다는 것을 뒤늦게 깨닫게 된다.

커뮤니티는 팬을 만들기 위한 도구가 아니라 이미 많은 팬을 가진 브랜드가 팬들이 팬심을 키워 나가는 데 도움을 주기 위해 사용하는 장치라고 봐야 한다. 한국에서 처음으로 음반을 발표한 외국 뮤지션을 예로 들어 설명해보자. 이 뮤지션의 노래를 들어본 사람들 중 산발적으로 팬이 만들어진다. 이 뮤지션의 음반을 한국에 유통하는 음반사가 온라인 공간에 이들을 위한 자리를 만들면, 팬들은 서로 상호작용하면서 이 뮤지션에 대한 자신의 팬심을 확인하고 키워 나간다. 그러다가 서로 유대감을 느끼면서 팬덤을 형성하게 된다. 이 팬덤은 서서히 주변 사람들에게로 확장된다. 그런데 이 음반사가 아직 팬이 없는 외국 뮤지션을 위해 서포터즈를 모집하고 팬을 위한 온라인 커뮤니티를 운영한다고 해서 이 뮤지션의 팬이 늘어날까? 그렇지 않을 것이다. 이처럼 조금만 생각해보면 커뮤니티가 왜 팬을 만드는 데 도움이 되지 않는지 쉽게 이해할 수 있다.

단순히 도움이 되지 않는 것을 넘어서 브랜드 커뮤니티는 자칫 브랜드 가치를 해치는 커다란 위험 요인이 될 수도 있다. 커뮤니티 내부에서 사람들 사이에 갈등이 발생하거나 커뮤니티가 브랜드의 방향성과 다른 목소리를 낼 수도 있기 때문이다.

만약 당신이 원하는 것이 애플이나 나이키, 스타벅스처럼 강한 브랜드를 만드는 것이라면 우선적으로 목표로 해야 하는 것은 브랜드 팬을 한 명이라도 늘리는 것이다. 굳이 처음부터 팬덤을 만들려고 할 필요가 없다. 브랜드 커뮤니티를 구축하고 팬덤을 만드는 것은 그 이후의 일이다. 이 간단한 사실을 깨닫는 것만으로도 브랜드 팬을 만드는 작업이 성공할 확률은 크게 높아진다."

브랜드 팬을 만드는 것이 팬덤 마케팅인가?

"브랜드 팬을 만드는 것과 팬덤 마케팅은 전혀 별개의 것이다. **팬덤 마케팅은 팬덤을 마케팅에 활용하는 것을 의미한다.** 가령, 어떤 브랜드가 최근 크게 인기를 얻은 가수를 내세워 제품을 홍보하거나 그 가수와 협력해서 만든 제품을 출시한다면 그 가수의 팬덤이 그 제품을 구입할 것이다. 이처럼 기존에 존재하는 팬덤을 이용해서 제품 매출을 늘리는 것이 팬덤 마케팅의 본질이다.

팬덤 마케팅은 지난 수십 년 동안 기업들이 해온 것으로, 전혀 새로울 것이 없다. 과거의 마케팅 활동과 차이가 있다면 팬덤의 종류가 다양해졌다는 것뿐이다. 과거에는 가수나 영화배우 같은 연예인들만 강한 팬덤을 보유했고, 팬덤 마케팅도 이들을 중심으로 이뤄졌다. 하지만 최근에는 팬덤의 종류가 과거와 비교할 수 없을 정도로 다양해졌다. 연예인뿐만 아니라 영화나 만화, 게임, 캐릭터 같은 문화 콘텐츠는 물론 유튜버나 인스타그래머, 창업자, 디자이너 같은 비연예인들도 팬덤을 만들어내고 있다. 팬덤의 종류가 다양해진 만큼 팬덤 마케팅은 더욱 다양해지고 마케팅 활동에서 팬덤을 활용하는 일도 더 빈번해질 수밖에 없다. 인기 뷰티 유튜버와 협력해서 새로운 화장품을 만들거나 팬덤을 가진 유명 디자이너와 협력해서 새로운 디자인의 제품을 선보이는 것이 이런 활동에 해당한다.

과거에 비해 팬덤의 종류가 다양해진 데는 이유가 있다. 온라인 커뮤니케이션이 가능해졌기 때문이다. 과거에는 어떤 대상을 열광적으로 좋아해도 자신과 같은 사람이 존재한다는 것 자체를 알 수 없었다. 하지만 이제는 온라인에서 자신과 비슷한 사람을 쉽게 찾아낼 수 있을 뿐만 아니라, 이들과 수시로 만나 대화하는 것이 가능해졌다. 커뮤니케이션의 성격이 일방향에서 양방향 상호작용으로 변했다는 것도 중요하다. 과거에는 자기가 좋아하는 대상과 직접 상호작용할 수 없었지만 이제는 팬덤의 대상과 팬덤 사이의 일상적 상호작용이 가능해졌다. 아이돌이나 인플루언서가 팬의 글에 직접 댓글을 달거나 서로 메시지를 주고받기도 하고, 문화 콘텐츠의 크리에이터나 회사 관계자가 팬들을 만나 직접 대화하는 경우도 많다. 좋아하는 대상과 팬 사이의 직접적인 상호작용이 가능해지면서 다양한 분야에서 팬덤이 쉽게 형성되고 있는 것이다.

과거의 팬덤 마케팅과 지금의 팬덤 마케팅의 차이를 가져온 또 다른 요인은 팬덤의 구매력이 크게 높아졌다는 점이다. 과거에는 팬덤이라 해도 구매력이 크지 않았다. 하지만 요즘은 자신이 좋아하는 사람이나 대상과 관련된 제품을 구매하는 데 돈을 아끼지 않는 사람들이 많다. 팬덤의 경제적 가치가 크게 상승한 것이다. 게다가 팬덤을 만족시킬 수 있는 제품도 다양하게 출시되고 있다. 과거에는 돈이 있어도 팬덤이 구입할 수 있는 물건이 한정되어 있었다. 가령, 가수의 팬이라면 기껏해야 가수의 앨범이나 문방구에서 판매하는 코팅된 사진 정도밖에 살 만한 것이 없었다. 하지만 지금은 자신이 좋아하는 가수의 얼굴이나 캐릭터를 담은 제품이 수없이 쏟아지고 있다. 팬덤의 구매력이 높아졌을 뿐만 아니라 구매량 자체가 증가할 수밖에 없는 환경이 갖춰진 것이다. 당연히 마케팅에 있어서 팬덤이 중요해지고, 매출을 늘리기 위해 팬덤을 활용하는 빈도가 늘어날 수밖에 없다.

과거에 비해 팬덤 마케팅의 종류와 빈도가 크게 증가하고 팬덤이 매출에 기여하는 정도가 커진 것은 분명한 사실이다. 그렇다 보

니 팬덤 마케팅이 갑자기 등장한 새로운 현상처럼 느껴질 수도 있
다. 하지만 매출을 늘리기 위해서 팬덤을 이용하는 것은 마케팅의
역사만큼 오래된 활동이다. 매출을 늘리기 위해서 마케팅에 BTS나
블랙핑크, 임영웅을 내세우는 것은 1980년대 최고의 인기를 누렸던
댄스그룹 소방차를 광고에 등장시킨 것과 사실상 아무런 차이가 없
다. 물론 브랜드가 SNS와 메신저를 사용해 팬덤과 적극적으로 상호
작용하는 것은 과거에는 없었던 일이다. 하지만 팬덤을 활용하는 방
법이 바뀌었을 뿐이지 매출을 늘리기 위해 팬덤을 활용한다는 측면
에서는 전혀 새로울 것이 없는 활동이다.

**브랜드 팬을 만드는 것은 이러한 팬덤 마케팅과는 아무런 관계가
없다.** 브랜드 팬을 만든다는 것은 기존 고객들을 브랜드의 열광적인
지지자로 바꾸는 작업이지, 매출을 늘리고 돈벌이를 하는데 기존에
존재하던 팬덤을 활용하는 것이 아니다."

모든 브랜드가 팬을 만들어야 하는가?

"기업 실무자들과 만나 이야기하다 보면 모든 브랜드가 팬을 만들어
야 하는지 질문하는 경우가 종종 있다. 모든 브랜드가 팬을 만들어
야 하는 것은 아니다. 경영학에서는 매출이 높고 브랜드 가치가 높은
브랜드를 강한 브랜드라고 부른다. 강한 브랜드는 고객의 신뢰도가

높고, 품질이 좋다고 인식되며, 고객들이 브랜드에 대한 강한 기억(자주 생각나거나 구매할 때 우선적으로 고려되는 것)을 가지고 있는 브랜드다.

강한 브랜드에는 크게 두 가지 유형이 존재한다. 하나는 많은 브랜드 팬을 보유한 '팬 브랜드'다. 다른 하나는 사람들이 가치 있다고 느끼는 '가치 브랜드'다. 가치 브랜드는 저가 브랜드나 가성비 브랜드를 말하는 게 아니다. 가치 브랜드는 가격대가 아니라 브랜드 팬을 보유하고 있는지 여부에 따라 판단한다. 높은 가격대의 제품을 판매하더라도 브랜드 팬이 많지 않으면 가치 브랜드에 해당한다. 애플과 LG전자를 비교해보자. 두 브랜드 모두 많은 매출을 기록하고 있고 브랜드 가치도 높다. 하지만 브랜드 팬을 얼마나 가지고 있는가 하는 측면에서 보면, 애플은 팬 브랜드에 해당하고 LG전자는 가치 브랜드에 해당한다.

반대로 가성비 브랜드 중에서 많은 팬을 보유하고 있는 브랜드는 팬 브랜드에 해당한다. 미국의 트레이더 조는 PB 제품 위주로 판매하는 작은 규모의 마트다. 그러다 보니 제품 판매 가격이 유명 브랜드보다 저렴하다. 하지만 미국에서 가장 많은 팬을 보유한 마트로 유명하다. 가성비를 내세우는 브랜드라 하더라도 트레이더 조의 경우처럼 팬 브랜드가 될 수 있다. 가치 브랜드도 팬 브랜드만큼, 혹은 그 이상 많은 매출을 만들어낼 수 있다.

모든 브랜드가 반드시 팬 브랜드를 지향해야 하는 것은 아니다.

가치 브랜드를 지향해도 팬 브랜드만큼 강한 브랜드가 될 수 있다. 애플은 애플대로, LG는 LG대로 강한 브랜드다. 다만 팬 브랜드가 가치 브랜드보다 유리한 점이 몇 가지 있다.

우선 광고 효과다. 팬 브랜드의 팬들은 자신이 특정 브랜드의 팬이라는 것을 공개적으로 드러낸다. 주변 사람들에게 브랜드에 대해 말하고, SNS에서도 브랜드와 관련된 이야기를 많이 한다. 고객 스스로 브랜드의 광고 매체 역할을 하는 것이다. 요즘처럼 대중매체를 활용한 광고의 효과성이 떨어지는 시대에 브랜드 팬이 많은 것처럼 효과적이고 비용 효율적인 광고 수단은 없을 것이다.

더욱 중요한 것은 이익률이다. 팬 브랜드와 가치 브랜드는 이익률에서 큰 차이를 보인다. 브랜드 팬들은 자신이 좋아하는 브랜드에 가격 탄력성이 낮은 모습을 보인다. 가격이 상승하거나 할인하지 않아도 브랜드 팬들은 높은 가격을 기꺼이 수용한다. 반면 가치 브랜드는 대체재가 많이 존재하기 때문에 매출을 유지하거나 늘리려면 마진을 낮추거나 많은 프로모션을 실시해야 한다. 당연히 이익률이 낮아질 수밖에 없다. 그래서 매출은 증가했는데 영업이익은 오히려 감소하는 일이 생기기도 한다.

신제품 성공 가능성도 팬 브랜드와 가치 브랜드는 큰 차이를 보인다. 브랜드 팬은 브랜드의 신제품을 적극적으로 수용한다. 브랜드 팬은 브랜드를 이성의 잣대로 평가하지 않는다. 신제품이 나왔을 때

도 이성적으로 평가하고 판단하지 않는다. 반면 가치 브랜드는 고객
에게 늘 이성적인 평가와 비교의 대상이 된다. 신제품이 출시될 때
마다 까다로운 기준으로 평가 받는다. 그들의 평가를 통과하지 못
하면, 신제품은 성공하지 못하고 한순간에 강한 브랜드로서의 지위
를 잃을 수도 있다. 게다가 가치 브랜드는 경쟁에 취약할 수밖에 없
다. 가치 브랜드의 경쟁력은 품질과 가격, 접근성에서 나온다. 그래
서 더 나은 품질 혹은 더 낮은 가격의 가치 브랜드가 등장하면 언제
든지 경쟁에서 밀릴 수 있다.

　가치 브랜드에 있어서 접근성은 가장 중요한 경쟁 요소다. 많은
매장을 보유하고 있어서 경쟁 브랜드보다 고객들에게 월등하게 높
은 접근성을 제공하면 경쟁에서 앞서 나갈 수 있다. 다이소나 이디
야, 메가커피 등이 이런 경우에 해당한다. 경쟁자보다 편리하고 빠
른 온라인 구매·배송 서비스를 제공하는 것도 하나의 방법이다. 유
니클로와 무신사 스탠다드를 비교하면, 둘 모두 강한 가치 브랜드이
지만 구매와 배송 서비스 면에서 무신사 스탠다드가 압도적인 우위
를 보인다. 그만큼 경쟁에서 유리한 고지를 차지할 수 있다. 하지만
브랜드가 고객에게 높은 접근성을 제공하려면 많은 투자가 필요하
며, 유지 비용도 만만치 않다. 다이소나 무신사 스탠다드처럼 높은
접근성을 계속 유지할 수 있다면 가치 브랜드를 지향하는 것이 가능
하지만, 대부분의 브랜드에 있어서 많은 고객들에게 높은 접근성을

유지하는 것은 현실적으로 불가능한 일이다. 이런 면에서 팬 브랜드 를 지향하는 것이 비용 대비 효과가 높은 전략이 될 수 있다."

어느 정도 브랜드 팬이 확보된 경우, 브랜드 커뮤니티를 어떻게 활용해야 할까?

"커뮤니티는 구성원들 사이에 상호작용이 발생하는 사회 집단이 다. 모든 구성원들이 서로에게 호의를 가지고 상호작용하면 좋겠지 만 현실은 그렇지 못하다. 시간이 지날수록 사람들 사이에 권력 관 계가 형성되고 다툼이 발생하기 마련이다. 이런 모습에 실망하거나 커뮤니티에 불만을 가진 사람들은 커뮤니티를 떠나게 된다. 이런 일 을 막기 위해 대부분의 온라인 커뮤니티는 엄격한 규칙을 만들고 몇 몇 사람에게 강력한 권한을 부여해 구성원들을 관리한다. 네이버나 다음의 카페들은 대부분 이런 방식으로 커뮤니티를 관리하고 유지 하고 있다. 하지만 브랜드 커뮤니티는 엄격한 규칙을 적용해서 관리 하기가 쉽지 않다. 자칫하다가는 브랜드에 대한 반감만 키우게 되기 때문이다.

팬 브랜드에 필요한 것은 기존 커뮤니티의 단점은 최소화하면서 커뮤니티가 팬들에게 줄 수 있는 장점은 최대화한 새로운 형태의 커 뮤니티다. 커뮤니티의 위험 요소는 구성원들 사이의 상호작용에서

발생한다. 따라서 기존 구성원들 사이의 상호작용을 최소화하면서
커뮤니티가 팬들에게 줄 수 있는 혜택인 '커뮤니티에 대한 소속감
sense of community'를 극대화시켜야 한다. 직접적인 상호작용 없이 **소
속감**만 주는 것이다. 이런 역할을 하는 것이 **'느슨한 커뮤니티'**다.

　느슨한 커뮤니티란 브랜드와 팬 사이의 유대감은 강하지만 팬
들 사이의 유대감은 약한 형태의 커뮤니티를 말한다. 브랜드와 팬은
강하게 연결되지만 브랜드 팬들 사이에서는 적극적인 상호작용이
발생하지 않는다. 팬들은 가끔씩 진행되는 이벤트를 통해 서로의 존
재를 확인하고 일시적으로 상호작용할 뿐이다. 아래 그림은 느슨한
커뮤니티와 일반적인 브랜드 커뮤니티를 비교한 것이다. 느슨한 커

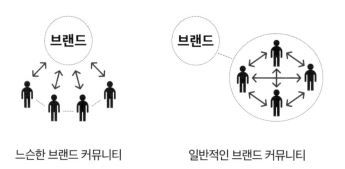

느슨한 브랜드 커뮤니티　　　　　　일반적인 브랜드 커뮤니티

느슨한 브랜드 커뮤니티는 브랜드와 팬이 강하게 연결되지만 브랜드 팬들 사이
에서는 적극적인 상호작용이 발생하지 않는다. 반면 일반적인 브랜드 커뮤니티는
브랜드와 커뮤니티가 독립적인 형태로 존재하며, 주로 커뮤니티 내부에서 상호작
용이 발생한다.

뮤니티의 핵심은 브랜드가 팬 한 명 한 명과 일대일 관계를 구축하는 것이다. 이런 관계에서 가장 중요한 것은 브랜드와 팬 사이의 상호작용이다. 반면 일반적인 브랜드 커뮤니티에서는 브랜드와 커뮤니티가 독립적인 형태로 존재하며, 상호작용은 주로 커뮤니티 내부에서 발생한다.

느슨한 커뮤니티의 최우선 목표는 브랜드와 팬 사이의 정서적 연결감 내지 친밀감을 강화하는 것이다. 브랜드를 단순한 상징이나 표식을 넘어 애착의 대상으로 느끼게 만드는 것이다. 그러려면 브랜드와 팬 사이의 상호작용이 지속적으로 이뤄져야 하며, 브랜드가 팬을 소중히 생각한다는 것을 보여줘야 한다.

브랜드와 팬의 상호작용에서 중요한 것은 형식이 아니라 본질이다. 고객의 의견에 반응하고 투표나 이벤트를 개최하는 것은 많은 브랜드가 지금도 하고 있는 일이다. 이런 활동을 하더라도 팬들이 브랜드가 자신에게 관심을 가지고 자신의 이야기에 귀를 기울인다고 느끼지 못한다면 브랜드와 팬 사이에 유대감이 형성되는 데 아무런 도움이 되지 않는다고 봐야 한다. 바로 여기에 팬 브랜드와 그렇지 않은 브랜드의 결정적인 차이가 존재한다. 단순히 게시판에 올린 고객의 의견에 대응하는 경우에도 팬 브랜드는 브랜드의 중요한 의사결정자(즉, 권한을 가진 사람)가 진심으로 고객을 대한다. 반면 팬이 없는 브랜드는 이런 중요한 활동을 의사결정 권한이 없는 사람에게 맡기거나 외주를 준다. 이런 경우, 고객은 당연히 브랜드가 자신에게 관심과 애정을 가지고 있다는 느낌을 전혀 받지 못한다.

　느슨한 브랜드 커뮤니티라고 해서 팬들 사이의 상호작용을 무시하는 것은 아니다. 브랜드 팬 역시 자신과 같은 팬을 만나면 커뮤니티에 소속감을 느끼고, 서로에게서 자신의 팬심에 대한 정서적 지지를 얻는다. 어떤 브랜드를 좋아하는데 브랜드의 팬이 자신뿐이라고 느끼면 브랜드 팬은 자신의 팬심에 확신을 가질 수 없다. 하지만 자신과 같은, 혹은 자신보다 더 열정적인 브랜드 팬을 만나고 이들과 상호작용하면 브랜드에 대한 애정에 확신을 갖게 되고, 이런 감정이 더욱 강화된다. 이런 이유에서 브랜드 팬들이 직접 만나서 서로의 존재를 확인하고 상호작용할 기회를 제공할 필요가 있다.

　그렇다고 해서 브랜드 팬들이 평소에 지속적으로 상호작용을 할 필요는 없다. 지속적인 상호작용은 오히려 팬들 사이의 갈등을 만들어낼 수 있기 때문이다. 그래서 필요한 것이 **팬들 사이의 일시적인 상호작용**이다. 팬들이 평소에는 상호작용하지 않지만 특별한 이벤트가 있을 때 서로 만나 일시적으로만 상호작용하는 것이다. 나이키는 느슨한 상호작용을 가장 잘 활용하는 브랜드다. 나이키는 팬들이 참여할 수 있는 크고 작은 이벤트를 다양하게 개최한다. 달리기 이벤트와 콘서트가 결합된 '나이키 러너스 페스티벌'을 개최하기도 하고, 매장에서 진행하는 체험 이벤트에 초대하기도 한다. 이런 이벤트에 참여하는 사람들은 지속적으로 상호작용하지 않는다. 하지만 이벤트에 참여하는 동안만큼은 브랜드 팬으로서 소속감과 유대감을 느끼고 일시적으로 상호작용하게 된다. 더불어 이런 이벤트에 참여할 기회를 제공한 브랜드에 관심과 애정을 느낌으로써 브랜드와 팬의 관계가 강화되는 효과도 있다.

브랜드 팬을 위한 이벤트가 브랜드 팬을 만들고 확장하는 데 중요한 또 하나의 이유가 있다. 바로 팬들의 존재가 세상에 분명하게 드러난다는 점이다. 이벤트를 통해 브랜드 팬이 모이면 사람들과 언론의 관심을 받게 된다. 팬들이 모여 있기 때문에 브랜드 '팬덤'이 존재한다고 생각하게 된다. 이벤트에 팬을 모이게 하는 것 자체가 팬이 많은 강한 브랜드라는 이미지를 만들어내는 데 크게 기여하는 것이다. 게다가 다수의 브랜드 팬이 모여서 즐거워하는 모습을 보면 기존에 팬이 아니었던 사람들도 참여하고 싶다는 생각을 갖게 된다. 팬이 모였을 때 팬이 더 확장될 수 있는 것이다.

이런 목적을 이루기 위해 가장 좋은 것은 브랜드 팬을 한 공간에 최대한 모을 수 있는 큰 규모의 이벤트를 개최하는 것이다. 수많은 브랜드 팬이 일시적으로 한 공간에 모여서 즐기는 모습을 만들어내는 것이다. 이렇게 하면 브랜드가 강력한 팬덤을 가진 것처럼 느껴진다. 앞서 설명한 것처럼 팬덤이라는 단어 자체가 한 공간에 모인 팬들을 지칭하기 위해서 만들어진 것이다. 야구장에 모인 야구 팬을 지칭하기 위해 팬덤이라는 말이 처음 사용되기 시작했고, 아이돌이나 뮤지션의 공연장을 찾은 팬들의 무리를 지칭하기 위해서 팬덤이라는 말이 널리 사용되었다. 마찬가지로 브랜드가 팬들을 일시적으로 한 공간에 모으면 브랜드의 팬은 팬덤으로 인식되고, 브랜드는 팬덤을 가진 브랜드라는 타이틀을 얻게 된다."

브랜드와 관련된 인물을 통해 브랜드 팬을 만드는 것에 어떤 장단점이 있는가?

"브랜드가 인물을 활용하는 방법에는 크게 두 가지가 있다. 첫째, 브랜드의 창업자나 대표 혹은 디자이너를 브랜드 전면에 내세우는 것이다. 가령, 창업자나 대표와 관련된 매력적인 스토리나 사진을 퍼뜨리고, 그들로 하여금 SNS를 통해 적극적으로 소통하게 한다. 이런 활동으로 그 인물의 팬이 만들어지면 자연스럽게 브랜드의 팬도 확보하게 된다. 많은 인디 브랜드(개인이 출시한 브랜드)가 이런 방식으로 팬을 만들어내고 있다. 큰 기업에서도 전략적으로 이런 방법을 사용하는 경우가 늘어나고 있다. 둘째, 이미 많은 팬을 가진 사람과 협업해서 그 인물의 팬을 브랜드로 흡수하는 것이다. 이때 중요한 것은 '적극적인 협력'이다. 단순히 브랜드의 홍보 모델로 영입하는 것으로는 팬이 브랜드로 흡수되지 않는다. 진정성이 느껴지지 않기 때문이다. 해당 인물을 제품 개발이나 디자인 과정에 적극적으로 참여시켜야만 팬들은 자신이 애정을 가진 인물이 진심으로 그 브랜드를 좋아한다고 느끼고 그 인물과 브랜드를 동일시하게 된다. 이처럼 특정 인물의 팬을 만들어서 브랜드 팬을 늘리거나, 특정 인물의 팬을 브랜드 팬으로 흡수하려는 노력은 최근 많은 기업과 브랜드에서 쉽게 볼 수 있는 모습이다.

브랜드 팬을 만들기 위해 특정 인물을 활용하는 것은 브랜드 팬을 비교적 빠른 시간에 쉽게 만들어낼 수 있는 방법이기는 하다. 하지만 빠르고 쉬운 방법인 만큼 리스크도 크다. 브랜드가 특정 인물에게 의존하다 보면 그 인물의 말과 행동 하나로 브랜드에 위기가 올 수도 있기 때문이다. 대표적인 사례가 일론 머스크다. 머스크는 트위터 팔로워가 1억 2000만 명에 달할 정도로 많은 팬을 보유한 기업가다. 한국에서는 머스크와 테슬라의 팬을 이르는 '테슬람'이라는 말이 생겼을 정도다. 나도 그의 팬이다. 2012년 모델S를 선보인 순간부터 머스크를 마케팅의 천재라고 생각했고, 지금도 그의 팬임을 자처하고 있다. 하지만 그가 테슬라의 리스크라는 것은 부인할 수 없는 사실이다. 머스크가 트위터를 통해 내뱉는 말들과 기행들이 테슬라의 주가와 브랜드 이미지에 좋지 않은 영향을 미치기 때문이다.

머스크뿐만 아니다. 많은 팬을 보유하고 SNS를 적극적으로 사용하는 경영자는 모두 동일한 리스크를 갖고 있다. 에코 챔버echo chamber 현상이 나타나기 때문이다. 에코 챔버는 소리가 메아리치는 음향실을 의미한다. 음향실 안에서 내뱉은 말이 자신에게 다시 메아리치는 것처럼, 에코 챔버 현상이란 SNS 공간에서 자신이 가진 생각이나 신념과 일치하는 사람들의 목소리나 정보에만 둘러싸이게 됨으로써 자신의 생각과 신념이 강화되는 것을 말한다. 많은 팬을 가진 사람은 당연히 SNS 공간에서 자신을 지지하는 사람들에게 둘러싸이게 된다. 그 결과, 자신의 생각과 믿음이 절대적으로 옳다는 착각에 빠질 수 있다. 많은 팬을 보유하고 SNS를 통해 팬들과 적극적으로 소통하는 사람이라면 아무리 인품이 훌륭할지라도 자신도 모르게 에코 챔버 현상에 빠질 수 있고, 그 결과 원하지 않게 브랜드와 비즈니스에 좋지 않은 영향을 미칠 수 있다. 브랜드 관리 측면에서 볼 때, 특정 인물에게 의존하는 방식은 사실 언제 터질지 모르는 시한폭탄을 떠안고 있는 것과 같다.

많은 팬을 가진 인플루언서와 협력하는 것에는 또 다른 리스크가 존재한다. 언제든지 협력이 중단될 수 있다는 것이다. 인플루언서들이 협력을 중단하겠다는 것을 무기로 내세우며 자신에게 유리한 조건으로 계약 조건을 협상할 수도 있다. 대형 스포츠 스타에게 의존하는 스포츠 의류 브랜드에서 흔히 볼 수 있는 모습이다. 브랜드는 많은 팬을 가진 인물이 이탈하는 것을 막기 위해 어쩔 수 없이 이들의 요구 사항을 수용하게 되고, 이는 이익률 감소라는 결과를 초래한다. 브랜드를 진심으로 아끼고 이익을 우선시하지 않는 인플루언서를 만나면 다행이지만, 현실적으로 그런 사람은 찾기 어렵다. 처음에는 이런 모습을 보이다가도 자신의 인지도가 올라가고 팬이 많아지면 상업적으로 변하는 인플루언서가 많다.

특정 인물에게 의존하는 방식의 리스크는 이것뿐만이 아니다. 모든 리스크가 잘 관리되더라도 다른 문제가 존재한다. 바로 확장성이다. 한 사람의 외모와 화법, 성격은 정해져 있다. 한 사람이 여러 가지 외모를 가질 수는 없다. 화법과 성격도 변화의 정도가 제한적일 수밖에 없다. 따라서 특정 인물의 팬은 취향의 제약을 받을 수밖에 없다. 그 인물의 외모와 화법, 성격에 큰 매력을 느끼는 사람도 있지만, 아무런 매력을 느끼지 못하거나 오히려 싫어하는 사람도 있기 마련이다. 그래서 특정 인물의 팬층은 규모의 성장에 한계가 있을 수밖에 없다.

아이돌이나 인플루언서라면 굳이 팬을 크게 확산시키지 않아도 만족할 수 있을 것이다. 규모가 크지 않더라도 자신을 열렬히 지지하는 사람들이 확실히 존재한다면 이들에게서 충분한 정서적 지지를 받을 수 있고 경제적 이익도 얻을 수 있다. 하지만 비즈니스는 다르다. 성공한 비즈니스가 되기 위해서는 최대한 많은 사람들에게 선택받아야 한다. 일부 열렬한 팬층에게 의존하는 브랜드는 성장하지 못하고 컬트 브랜드(소수의 매니아 집단의 사랑을 받는 브랜드)에 머무르

게 된다. 브랜드가 팬을 만들기 위해 특정 인물에게 의존하는 것이
잘못되었다는 이야기가 아니다. 하지만 이런 방식에는 리스크가 존
재하기 마련이고, 고객층이 확장되는 데 한계가 있을 수밖에 없음을
알아야 한다. 나이키와 협력한 마이클 조던Michael Jordan처럼 사생활
의 리스크가 적고 팬층의 규모 자체가 절대적으로 큰 경우가 아니라
면, 특정인에게 의존해서 브랜드 팬을 만드는 것은 대부분의 브랜드
에 이상적인 선택지가 되기 어렵다."

채우지 않은 챕터

사실 이 책의 마지막 장에는 스파이크 전략 관점에서 한국 유명 브랜드들의 전략에 대한 평가를 담으려고 했다. 스마트폰 브랜드, 가전 브랜드, 자동차 브랜드, 식품 브랜드 등 다양한 브랜드에 대해 많은 내용을 정리해봤지만 마지막 단계에서 모두 삭제했다. 선망성 스파이크 반응을 만드는 측면에서는 명백하게 잘못된 전략이지만, 모든 브랜드가 팬을 만들 필요는 없기 때문이다. 팬을 만들려는 목적을 갖지 않은 브랜드의 전략을 스파이크 전략 차원에서 평가할 수는 없는 일이다. 또한 누군가의 노력을 폄하하고 싶지 않기도 했다. 그래서 마지막 장은 비워두기로 결정했다.

내용은 비워져 있지만 스파이크 전략을 제대로 이해한 사람이라면 스스로 마지막 장의 내용을 충분히 채워넣을 수 있을 것이다. 전에는 보이지 않았던 것들, 생각하지 않았던 것들이 갑자기 눈에 보이기 시작할 것이다. 한국의 많은 브랜드들이 왜 팬을 만들지 못하고 있는지, 이들의 브랜드 전략과 제품 전략에 어떤 문제가 있는지 갑자기 쉽게 이해될 것이다. 굳이 세세히 설명하지 않아도 모든 것이 보이고, 어떻게 바꿔야 할지 명확하게 이해될 것이다.

당신이 직접 마지막 장을 채워 나가길 기대하며 이 책을 마무리한다.

스파이크 SPIKE

초판 1쇄 인쇄
2023년 10월 10일
초판 1쇄 발행
2023년 10월 25일

글
김병규

펴낸이
백영희

펴낸곳
너와숲ENM

주소
14481 경기도 부천시
부천로354번길 75, 303호

전화
070-4458-3230

등록
제2023-000071호

ISBN
979-11-984417-0-6(03320)

정가
17,800원

© 김병규

이 책을 만든 사람들

편집
허지혜
마케팅
한민지

제작처
예림인쇄

디자인
글자와기록사이